Gustav Chalupa

# KRIEG UND MEDIEN AUF DEM BALKAN

Sind Journalisten Freiwild?

K. Fischer | Aachen

*Anmerkung zur Schreibweise*

Es fehlen die bei slawischen Namen üblichen Weichheitszeichen. Die korrekte Schreibweise wäre zum Beispiel: Milošević (sprich: *Miloschewitsch*), Petrović (*Petrowitsch*), Karadžić (*Karadzisch*), Mladić (*Mladitsch*), Djindjić (*Djindjitsch*), Peć (*Petsch*) usw.

Besuchen Sie uns im Internet:
www.karin-fischer-verlag.de

*Bibliografische Information*
*Der Deutschen Bibliothek*

Die Deutsche Bibliothek verzeichnet diese Publikation
in der Deutschen Nationalbibliografie;
detaillierte bibliografische Daten sind im Internet über
http://dnb.ddb.de abrufbar.

*Bibliographic information published*
*by Die Deutsche Bibliothek*

Die Deutsche Bibliothek lists this publication
in the Deutsche Nationalbibliografie;
detailed bibliographic data is available in the Internet at
http://dnb.ddb.de.

Originalausgabe · 1. Auflage 2006
© 2006 Karin Fischer Verlag GmbH
Postfach 10 2132 · 52021 Aachen
Alle Rechte vorbehalten

Alle Fotos und Dokumente vom Autor

Gesamtgestaltung: yen-ka
Hergestellt in Deutschland
ISBN 3-89514-591-2

# INHALT

Der Milosevic-Prozess als Einleitung  7

Titos Prunk überschattet den Zerfall
Ein fulminanter Empfang  13

Nationalistischer Virus  23

Machtkämpfe  33

Was blieb von Tito?  43

Vom Korrespondenten zum Kriegsberichterstatter  51

Weg von Belgrad! – Die ersten Opfer in Slowenien  63

Vukovar – der erste Massenmord  73

Psychiater als Aufwiegler – Ärzte als Volkstribune  85

Kroatien vernichtend schlagen  95

Wir können unsere Kollegen bisher nicht begraben  105

Der Krieg um die Medien auf dem Balkan  111

Mangelnde Toleranz heizt Hass an  125

Journalisten helfen Journalisten  133

Hexenkessel Bosnien  139

Sind Journalisten Freiwild?  155

Kopfgeld auf Journalisten  185

Finale im Kosovo  207

Mazedonien – Wetterwinkel des Balkans  229

Die Implementierung des EU-Stabilitätspaktes  237

DER MILOSEVIC-PROZESS ALS EINLEITUNG

Slobodan Milosevic, die No. 1 auf der Kriegsverbrecherliste des Internationalen Gerichtshofes in Den Haag, wäscht seine Hände in Unschuld. Der einstige Präsident von Jugoslawien weist mit der Schläue eines balkanischen Winkeladvokaten und chuzpe jede Schuld von sich und stellt die Wahrheit zynisch auf den Kopf. Schuld an den Kriegen im jugoslawischen Raum sind aus der Sicht Milosevics die NATO, die UN, die EU, allen voran aber die USA; Deutschland, Österreich, ja, und der Vatikan – wobei er die Reihenfolge je nach Bedarf wechselt –, als ob sie seine Eroberungskriege vom Zaun gebrochen und den Vielvölkerstaat zerbrochen hätten. Im dunkelblauen Anzug und weißem Hemd mit modischer Krawatte mimt er den hehren Recken in seiner neu aufgelegten Schlacht auf dem Amselfeld gegen die »antiserbische Verschwörung« der übrigen Welt. Selbstbewusst und arrogant macht er aus seiner Verachtung für die fünf Richter in ihren schwarzen Roben keinen Hehl, fühlt sich ganz als Herr der Lage vor den auf ihn gerichteten TV-Kameras, die seine Auftritte im Fernsehen

Serbiens wiedergeben. Der Sohn eines serbisch-orthodoxen Landpfarrers, der Selbstmord verübt hatte, hat es in atemberaubendem Tempo zu höchsten politischen Ämtern und nahezu unumschränkter Macht gebracht – vom Bank-Kaufmann über die KP-Zentrale am Marx-Engelsplatz in Belgrad zum Präsidenten Jugoslawiens! Dem Unruheherd Balkan hat Slobodan Milosevic mit dem slawischen Bruderkrieg im letzten Jahrzehnt des 20. Jahrhunderts ein weiteres, blutiges Kapitel hinzugefügt. Sein Ziel war das Weiße Schloss der jugoslawischen Könige als ungekrönter Herrscher und KP-Chef hoch über Belgrad. Dass er unumschränkter Herr im Lande war, machte Medienpräsident Milosevic seinen Untertanen via Fernsehen klar, indem er mit hoch gestellten Persönlichkeiten aus aller Welt in derselben Sitzgruppe parlierte, wie der prunkliebende Marschall Josip Broz Tito vor ihm. Die starke Frau hinter Milosevic war und ist seine Jugendliebe und Gattin Mira Markovic, von rotem Uradel, Universitätsprofessorin, die im Ruf stand, ihrem Slobodan politische Strategie, Taktik und Visionen vorzugeben, die er prompt umsetzte. Milosevic manipulierte virtuos die öffentliche Meinung via Fernsehen und mit dem serbischen Traditionsverlagshaus »Politika«, wo seine Tochter Maria die Zügel in der Hand hielt. Unbequeme Journalisten und Politiker, wie sein Mentor Ivan Stambolic und der serbische Premier Zoran Djindjic, wurden aus dem Weg geräumt, rücksichtslos durch gut bezahlte Killer der Sonderpolizei »crevene beretke« (Rote Barette), die Milosevic direkt unterstand. Muttersöhnchen Marko dagegen bevorzugte ein lockeres Leben, verpulverte Superbenzin in Ralleys rund um Belgrad, während im Lande als

Folge der von der EU verhängten Strafsanktionen Benzin nur noch flaschenweise für teures Geld oder Devisen gehandelt wurde. Das bejubelte der angesehene Schriftsteller Peter Handke in seinem skurrilen Essay »Winterreise nach Serbien ...« als patriotische Großtat; prompt wurde er von Präsident Milosevic zum ordentlichen Mitglied der einst angesehenen Akademie der Wissenschaften Serbiens berufen. Ob Handke wusste, dass Freischärlerbanden mit so klingenden Namen wie »Serbische patriotische Garden«, »Tigrovi«, »Skorpioni« etc. die Erdölfelder in Ost-Slawonien erobert hatten, mit Erdölderivaten während der Sanktionen von serbischen Autofahrern Millionen abkassierten? Daneben zahlten die kroatischen Eigentümer an die »Patriotischen Freischärler« monatliche Gehälter, nur damit sie die teuren Bohrtürme nicht zerstörten, oder gar die Erdölquellen in Brand setzten. In seinem jüngsten Essay, »Die Tablas von Daniel«, das kurz vor dem 10. Jahrestag des grauenvollen Massakers von Srebrenica erschienen ist, meldete sich Milosevics »literarischer Herold« Peter Handke – einer von 1.600 Zeugen des Haager Kriegsverbrechertribunals – als sich selbst rein waschender »Umwegzeuge«. Neben S. Milosevic, den 30 Anklagepunkte zahlloser Kriegsverbrechen, des geplanten Völkermordes und des Genozids bezichtigen, spielt der ebenfalls angeklagte Chef der Radikalen Partei Serbiens und Cetnik-Wojwode Miroslav Seselj eine so zwielichtige Nebenrolle wie seinerzeit als »Oppositionsführer« im Belgrader Parlament. Trotz Spiegelfechtereien verfolgten beide Ultranationalisten skrupellos das gleiche Ziel: Groß-Serbien! Dass Zeugen der Anklage aus dem zerfallenen Jugoslawien absolute Anonymität und Diskretion forderten, bevor sie der Einladung des Haager Gerichtshofes Folge leisteten, da sie Unannehmlichkeiten und Verfolgung in ihrer serbischen Heimat fürchteten, sagt eigentlich alles über die Situation und Stimmung in Serbien-Montenegro, in Bosnien-Herzegowina. Nur wiederwillig hat sich der als »gemäßigter Nationalist« geltende serbische Premier Vojislaw Kostunica unter wachsendem internationalen Druck zu einer Zusammenarbeit mit Den Haag herabgelassen. Mit kräftigen finanziellen Zuschüssen bewegt er Beschuldigte, zum »freiwilligen« Stellen vor das Tribunal.

So die No. 2 und No. 3 der Kriegsverbrecherliste: den bosnischen Serbenführer Radoban Karadzic und seinen General Ratko Mladic. Beide werden von ultranationalistischen Kreisen in Serbien, der Armee und der erzkonservativen Priesterschaft der Orthodoxen Kirche gedeckt und versteckt. Das jüngste Lebenszeichen R. Karadzics mutet wie Hohn an: ein 400 Seiten umfassendes Buch mit dem Titel »Eine wunderbare Chronik einer Nacht«, das autobiografische Züge trägt und eine Art Rechtfertigung sein dürfte. Karadzics Verleger, Miroslav Toholj, der während der Schreckensherrschaft des Autors in Bosnien sein Informationsminister war, weiß angeblich nicht, wo sich der gesuchte Kriegsverbrecher aufhält. Eine Belgrader Illustrierte deckte auf, dass sich General Mladic lange in atombombensicheren Bunkern des Garderegiments des Präsidenten in der Topciderkaserne unterhalb des Weißen Schlosses in Belgrad aufhielt. Die Kameraderie kommandierender Offiziere der serbischen Armee dreht dem UN-Gerichtshof eine lange Nase. Laut Belgrader Quellen befinden sich unter den

Haager Angeklagten 106 Serben, 31 Kroaten, 9 Bosniaken, 7 Kosovoalbaner und 2 Mazedonier. Die Zahlen dürften kaum endgültig sein, da bei Vernehmungen neue Verdachtsmomente gegen weitere Personen auftauchen. Die bisher zu über 800 Jahren Gefängnisstrafen Verurteilten verbüßen ihre Strafen in modernsten Haftanstalten in verschiedenen europäischen Staaten. In Den Haag genießen Angeklagte einen privilegierten Status. Sie werden von einem Team von Advokaten, Experten, Ärzten, Pflegern, Spitzenköchen betreut, telefonieren nach Belieben rund um die Welt, werden von ihren Liebsten besucht – alles auf Kosten des UN-Gerichtshofes. Besondere Aufmerksamkeit und Vergünstigungen gelten Slobodan Milosevic. Wie würde der Internationale Gerichtshof nach jahrelanger Verhandlungsdauer auch dastehen, wenn ihm der Hauptangeklagte plötzlich abhanden käme. Milosevic genießt seine letzte Rolle als Showmaster des Balkans ausgiebig, was ihm die Aufmerksamkeit der Medien sichert. Sein Einfluss reicht so noch immer tief in sein Land hinein, wo der Gerichtshof ohnedies auf Ablehnung stößt, da er angeblich nur gegen Serbien gerichtet wäre. Nur zögerlich greift die Erkenntnis um sich, dass Milosevic die nationalen Gefühle der leicht erregbaren Serben perfide missbraucht hat, sie so unverdient zu Parias in Europa und zum Schlusslicht auf dem Balkan gemacht hat. Den unersättlichen Machtrausch und Größenwahn Milosevics, der zuerst unter kommunistischen Vorzeichen die Nachfolge Titos in Jugoslawien, dann eines Diktators in Serboslawien und letztlich nach militärischen Niederlagen als Staatschef in Groß-Serbien anstrebte, arbeiten sich befreiende serbische Medien schrittweise auf, was Hoffnungen auf eine Rückkehr Serbiens in die zivile und demokratische Gesellschaft Europas weckt. Über 200.000 Tote, unzählige Kriegsversehrte, Witwen, Weisen, mehr als zwei Millionen Heimatlose aller Nationalitäten im ehemaligen Jugoslawien, mehrere Dutzend US-Milliarden materieller Schäden von den Krawanken bis zum Balkangebirge, von der ungarischen Puzta bis zur dalmatinischen Adria, harren nach den vom kriegslüsternen Milosevic vom Zaun gebrochenen Kriegen der Sühne – in Slowenien, in Kroatien, in Bosnien-Herzegowina, im Kosovo. Slobodan Milosevics Mitschuld am Tode von nahezu sechzig Journalisten/innen, Korrespondenten, Reportern, Pressefotografen und Kameramännern, die als Chronisten unter Einsatz ihres Lebens die Weltöffentlichkeit über das grauenvolle Geschehen auf dem Balkan im letzten Jahrzehnt des vergangen Jahrtausends informierten und wie Freiwild bejagt wurden, ist nicht zu leugnen. Dass mit der physischen Vernichtung unabhängiger Journalisten aller Nationen die internationale Öffentlichkeit über die Vorgänge im jugoslawischen Raum durch entstellende Bulletins und zweckmäßig geschönte Berichte seitens der Kriegführenden desinformiert werden sollte, liegt auf der Hand. Von den für Demokratie und Meinungsfreiheit engagierten Politikern und Diplomaten in den Vereinten Nationen und der Europäischen Union müssten den im jugoslawischen Raum praktizierenden Methoden in Zukunft rechtzeitig klare, politische Grenzen gesetzt werden, nicht nur ein verspätetes Kriegsverbrechertribunal wie in Den Haag.

TITOS PRUNK ÜBERSCHATTET DEN ZERFALL

EIN FULMINANTER EMPFANG

Das politische Wetterleuchten auf dem Balkan, insbesondere im Staate Titos, der Verfall der inneren Bindungen im Vielvölkerstaat mit der schrittweisen Verselbständigung und Abkoppelung Sloweniens und Kroatiens, mit Verzögerung auch Bosnien-Herzegowinas und Mazedoniens, kam zwar nicht plötzlich, aber doch mit unabwendbarer Konsequenz. Es war ein langjähriger, schmerzhafter Prozess, der sich in den letzten Jahren der Herrschaft Josip Broz Titos trotz allen Führerkults und zur Schau gestellten Pomps verdichtete.

Beim großen Empfang zum Nationalfeiertag im Palais der Republik in Neu-Belgrad verstummte schlagartig das Gemurmel der Festgäste im großen Saal beim Erscheinen Titos. Auch bei den Klängen der Hymne »Hej Sloveni«, gespielt vom Orchester der Garde, verharrte alles in ehrfurchtsvoller Stille, bis Tito in elegantem Abendanzug begleitet von Gattin Jovanka und seiner Suite mit huldvoller Geste und Lächeln durch das dichte Spalier heftig Applaudierender zum kleinen Audienzsaal schritt. »*Stari izgleda izvrsno*« – der »Alte« sieht fabelhaft aus –, flüsterten sich begeistert Herren und Damen in dezenter Abendkleidung zu. So, als wollten sie alle Gerüchte über den labilen Gesundheitszustand des sich auf einen Stock stützenden Marschall und jugoslawischen Staatspräsident auf Lebenszeit entkräften. Trotz hohen Alters war Tito eine Respekt gebietende Persönlichkeit. Die geladene Creme machte sich wohl Mut. Die Sorge, ja Angst, dass mit einer Amtsunfähigkeit oder gar dem Ableben Titos die Stabilität und der relative Wohlstand im Vielvölkerstaat ins Wanken geraten könnten, schwebte über dem Ballsaal, der in seinen Ausmaßen einem Fußballplatz ähnelt. Längst hatte das Salonorchester auf die von Tito bevorzugten Wiener Operettenmelodien umgestellt, während eine endlose Kolonne von Kellnern mit weißen Handschuhen, die aus den Belgrader Hotels herbeordert waren, mit voll beladenen Tabletts unter die rund 2.000 Gäste eilten, die zum fulminanten Empfang geladen waren.

Offiziere der Jugoslawischen Volksarmee in mit Orden geschmückten Galauniformen, Würdenträger diverser Religionsgemeinschaften, angeführt vom Patriarchen der Serbisch-orthodoxen Kirche, Militärattachés in bunten Uniformen, aber auch Gäste in nationalen Trachten bildeten frohe Farbtupfer in der wogenden Masse schwarzer Funktionärsanzüge, mit der obligaten silberglänzenden Krawatte à la Tito. Der Doien des diplomatischen Korps gratulierte protokollgemäß dem Hausherrn, Botschafter und Diplomaten aus 150 Ländern stürzten sich wissbegierig auf Minister und insbesondere höchste Parteifunktionäre aus den Teilrepubliken, die hier zu sprechen eine treffliche und seltene Gelegenheit war, allen voran der amerikanische und sowjetische Botschafter. Auch Journalisten suchten das Gespräch. Ausgenommen mit Präsident Tito und seinem engsten Kreis – diese nicht anzusprechen war ungeschriebenes Protokoll, auf das Berichterstatter hingewiesen wurden. Abgesehen davon, dass Josip Broz Tito Journalisten nicht mochte.

Ausgenommen britische Korrespondenten und Kriegsberichterstatter aus der Partisanenzeit, denen alle Türen offen standen.

Tito hatte sich für ihre die Englisch sprechende Welt beeinflussende Berichterstattung mit Villen und Häusern auf dalmatinischen Inseln erkenntlich gezeigt. Die an den Seitenwänden des riesigen Saales angebrachten allegorischen Gemälde aus dem Partisanenkrieg glänzten im Licht des hubschraubergroßen Leuchtkörpers an der Decke aus feinstem Kristallglas des Tiroler Herstellers Swarowski.

Die Stirnwand des Saales bliebe für Tito reserviert, erläuterte der Verwalter des Palais der Republik – sie ist bis dato leer. Mit voll beladenen Porzellantellern, Marke Hutschenreuther, suchte jedermann sein Plätzchen oder seinen Freundeskreis, was bei dem Gedränge und lautem Stimmengewirr von Sprachen aus aller Herren Länder einiges Stehvermögen erforderte. Irgendwie landete auch ich mit meiner Frau neben dem Bundesinformationsminister in einer illustren Gesellschaft. Laut versuchten zwei Generäle in dunkelblauer Galauniform, ein Montegriner und ein Serbe, die Gesellschaft über die Gründe des wirtschaftlichen West-Ostgefälles in Jugoslawien und der ökonomischen

Schwierigkeiten, insbesondere östlich der historischen Trennungslinie Save-Donau, zu überzeugen. »Uns haben die Türken 400 Jahre unterdrückt und ausgebeutet, aber auch euch haben die Habsburger beherrscht«, heischten sie nach Zustimmung bei meinem Nachbarn, einem Slowenen, dem Sprecher des Außenministeriums. »Wir waren zusammen«, parierte er nonchalant. »Man braucht nur das Stadtbild von Zagreb mit dem Belgrads zu vergleichen«, schlug ein Kroate, Mitglied des Zentralkomitees des BdKJ, in die gleiche Kerbe, während der Bundesinformationsminister, ein Bosniake, bemerkte, dass »Wien nach der Okkupation von Bosnien-Herzegowina das Scherifatsrecht abgeschafft, eine moderne Verwaltung und europäisches Recht eingeführt hat, ja und auch die erste Fabrik (Anmerkung: eine Streichholzfabrik) haben die Österreicher erbaut«. Auch ein mazedonisches ZK-Mitglied gab seinen Kram dazu, nur war ich von dem emotionellen Ausbruch der Diskussion so überrascht, dass ich diesen überhört habe. Was war bloß in diese Gruppe alter Partisanen gefahren, was in Titos Staat und Partei nach wie vor Voraussetzung für höchste Ämter und Funktionen war?

Wieso konnte der lautgewordene Vorwurf der Slowenen und Kroaten an Belgrad, dass die von ihren Industrien und der Fremdenverkehrswirtschaft erarbeiteten Deviseneinnahmen den Fluss Save in Richtung Serbien und Montenegro als innere Entwicklungshilfe hinunterflossen, den Zusammenhalt alter Partisanen und damit die »Einheit und Brüderlichkeit« im Vielvölkerstaat in Frage stellen? War der fulminante Empfang zum jugoslawischen Staatsfeiertag etwa ein Tanz vor dem Abgrund oder gar schon auf dem Vulkan, schoss es mir durch den Kopf.

Dem Prunk und Feste liebenden Tito waren seine Oberpartisanen immer begeistert und widerspruchslos gefolgt. Seit dem obersten hochrangig besetzten Empfang im Weißen Schloss aus Anlass der 1. Blockfreien Konferenz ihres Staatschefs 1961 mit dem Inder Pandit Nehru, dem Ägypter Gamel Abdel Nasser, Erzbischof Makarios von Zypern, dem Indonesier Sukarno und so fort. Diese Konferenz markierte den zweiten tiefen Einschnitt in der Außenpolitik Titos, nach dem Bruch mit Stalin 1948. Jugoslawien öffnete sich dann schrittweise der westlichen Welt, wie es der Balkan vordem nicht gekannt hatte. Auch für Moskau war der blockfreie Tito wieder interessant. Seitdem gaben sich die Großen dieser Welt bei Präsident Tito die Klinke in die Hand. Von den roten Diktatoren, so ziemlich alle kommunistischen Staats- und Parteichefs, wie dem polternden Nikita Chrustchow, dem trinkfesten Breznjew, SED-Chef Ulbricht, Präsidenten und Premiers aller politischen Couleur und Hautfarbe, US-Präsident Richard Nixon, dem deutschen Kanzler Willi Brandt, den österreichischen Bundeskanzlern Klaus und später Bruno Kreisky, der über eine eilig herbeigeholte Bierkiste aus seinem Sonderflugzeug ins Land hüpfte, da keine passende Gangway bereit stand, bis zu gekrönten Häuptern wie Zar Haille Selassie von Abessinien, dem marokkanischen König Hassan und Königin Elisabeth II. von England. Zu diesem letztgenannten außerordentlichen Anlass überbot Belgrad bisher alles vorher Erlebte. Dass die Königin mit 25-jähriger Verspätung den Besuch Marschall Titos in London, als der Jungvermählte erstmals seine rassige und schöne Frau Jovanka vorstellte, erwiderte, fand kaum mehr Erwähnung. Vordem hatte die jugoslawische Parteipresse wiederholte Male gestichelt, dass der britischen Monarchie ein Besuch beim »proletarischen Tito« zu schade wäre.

Ein eher kurioser Empfang im Jahre 1965 für den DDR-Staatschef Ulbricht sollte erwähnt werden. Der Empfang fand im Palais der Republik in Neu-Belgrad an einem Vormittag statt. Ulbrichts Kühnheit, Frau Jovanka Broz zu der ungewöhnlichen Zeit zu einem Walzer zu bitten, was den verdutzten Tito nötigte, auch Frau Lotte zu bitten, machte in der Belgrader Gesellschaft lange die Runde. Die DDR-Gesandtin Steiner, Tochter des DDR-Staatsgründers Wilhelm Pieck, hatte jedenfalls alle Mühe, das entsetzte jugoslawische Protokoll zu besänftigen. Aber auch Revolutionäre wie Fidel Castro und Möchtegerns, ja und unzählige Sterne und Sternchen aus der Film- und Glitzerwelt drängten sich am Hofe Titos, die er auch mal zu seiner Trauminsel Brioni in der Adria mitnahm, wie etwa Liz Taylor und Richard Burton. Die Empfänge hatten sich im Laufe der vierzigjährigen Herrschaft Titos zu einem festen Ritual entwickelt. Spötter witzelten hinter vorgehaltener Hand vom »spanischen Hofzeremoniell in Rot«. Die alten Partisanen aus der Kampfzeit, die bei der so genannten »Siebten Offensive« nach dem Kriege ihre Kriegsbräute aus den Wäldern gegen Vorzeigefrauen getauscht hatten, wobei sie übrigens auch dem Vorbild Titos gefolgt waren, beachteten auch gehorsam die von ihrem vergötterten Marschall verfügten Kleidervorschriften. Nur einmal streikten sie, als Josip Broz Tito Frackzwang zu dem Staatsempfang für den griechischen König Paul nach Unterzeichnung des Balkanpaktes befehlen ließ. Es blieb dann beim Smoking, schwarzem Funktionärsanzug, Uniformen und landesüblichen Trachten. Tito aber lehnte den Frack keineswegs ab, den er zu Ehren des Papstes im Vatikan trug, einschließlich Zylinder, während Gattin Jovanka eine kostbare, schwarze Mantilla trug.

Der überraschende Blick beim Empfang zum Tag der Republik hinter die sonst verschlossene, glatte Fassade der Führungsschicht im hell erleuchteten Ballsaal gab mir zu denken. Jedenfalls war der Abend eines der seltenen Schlüsselerlebnisse eines Journalisten, das mich viele Jahre nicht mehr losließ. Ein Foto Titos mit schmauchender Havanna und seiner persönlichen Unterschrift hält das denkwürdige Ereignis wach, dass nur wenige Jahre vor seinem Tod und vor dem offenen Ausbruch des Bruderkrieges in Jugoslawien stattfand, der das endgültige Ende des Tito-Staates, aber auch das Ende der Konstruktion des Vielvölkerstaates von Versailles einläutete.

Dass der langsame Zerfall des Tito-Staates bereits zu seinen Lebzeiten eingesetzt hatte, ist unbestritten. Der Bazillus des Zerfalls hatte auch die einzige politische Kraft in Titos Reich, den Bund der Kommunisten Jugoslawiens, befallen. Für mich als akkreditierten Korrespondenten mit Sitz in Belgrad erforderte die unberechenbare Entwicklung eine laufende Anpassung an die mir zur Verfügung stehenden Informationsquellen, ob nun offizieller oder auch inoffizieller Natur. Im zeitlichen Rückblick abspulend, stechen Ereignisse hervor, die historische Etappen markieren. Angefangen bei der gnadenlosen Abrechnung der siegreichen Tito-Armee mit den geschlagenen Gegnern am Ende des Zweiten Weltkriegs. Tito nannte erstmals 1963 Zahlen in einer Rede auf dem vom Erdbeben zerstörten Hauptplatz im mazedonischen Skopje, der seinen Namen trug: 1,7 Millionen Kriegstote, davon 330.000 im Kampf mit dem äußeren Feind, also Deutschland, Italien, Bulgarien, Ungarn, und über eine Million Tote im Kampf mit dem inneren Feind: den königstreuen Cetniks in Serbien, der Armee und Ustascha des Freistaates Kroatien, den Weißgardisten und Domobranzer in Slowenien, den moslemischen SS-Divisionen in Bosnien, den albanischen Freiheitskämpfern im Kosovo, wo der 2. Weltkrieg ein Jahr länger bis Mitte 1946 dauerte und der von den Sondereinheiten seines Polizeiministers Alexander Rankovic erbarmungslos beendet wurde.

Alleine diese Zahlen bewiesen, dass dem kommunistischen Partisanenführer Tito der Bruderkrieg im Lande und die physische Liquidierung seiner politischen Gegner wichtig waren, um seinen Machtanspruch zu sichern. Die meisten seiner Gegner, so genannte »Klassenfeinde«, im Innern wurden auch erst nach Kriegsende auf dem Balkan, also nach dem 8. Mai 1945, schonungslos liquidiert und in Massengräbern verscharrt oder in unzugänglichen Abgründen des Karst versenkt. Titos Männer der Geheimpolizei OZNA, der Vorgängerin der UDBA, die durchwegs vom sowjetischen NKWD geschult worden waren, taten sich als blutige Henker des eigenen Volkes hervor. Dass das Blut der Opfer Jahrzehnte später zum Untergang Tito-Jugoslawiens beitragen sollte, konnten Täter und Nutznießer in ihrem hemmungslosen Siegesrausch nicht ahnen. Wer kennt die genauen Zahlen der brutalen Ausmerzung der Donauschwaben, der Gottscheer Deutschen, wobei die tragischen Kinder-Konzentrationslager selbst die berüchtigten Gulags Stalis an Grausamkeiten übertrafen, der physischen Liquidierung kapitulierter Offiziere und vieler Soldaten der regulären Armee des Freistaates Kroatien und der russischen Kosakendivisionen mit ihren Frauen und Kindern, die von den Briten auf schändliche Weise aus Kärnten nach Tito-Jugoslawien ausgeliefert wurden? Marschall Josip Broz Tito schlug selbst Gnadengesuche seines Kompaniechefs aus dem 1. Weltkrieg aus, bei dem er als Sergeant in einem kroatischen KuK-Infanterieregiment in den Karpaten gegen Russland im Einsatz war und dort angeblich verwundet in Gefangenschaft geraten ist, in der er seine Karriere als kommunistischer Revolutionär startete. So jedenfalls seine offizielle Biographie. Die Revolution frisst aber bekanntlich ihre Kinder: Auch die Voraussage des britischen Außenministers Anthony Eden aus dem Jahre 1944 trifft ins Schwarze: »Das neue Jugoslawien wird so lange leben wie Tito.«

## NATIONALISTISCHER VIRUS

Der den Vielvölkerstaat von oben her angreifende nationalistische Virus erreichte schnell den Mikrokosmos, selbst die kleine Gasse auf dem *Topcidersko brdo* in Belgrad, wo ich mich als Korrespondent westlicher Medien mit meiner Familie eingemietet hatte. Mit den aufbrechenden Animositäten gab es plötzlich Serben, Slowenen, Mazedonier, Montenegriner, ja auch eine jüdische Familie mit einer deutschen Oma und einem ungarischen Opa aus der Wojwodina. Der Schwiegersohn, ein erfolgreicher Schauspieler, mimte auf Zelluloid heroische Partisanenhelden im 2. Weltkrieg. Wo waren aber die Jugoslawen geblieben? War der bisher alles überdeckende titoistische Jugolack so dünn? Waren Jugoslawen nur noch diejenigen, die in Ministerien, Bundesbehörden und im Zentralkomitee der KP beschäftigt waren und auf dem Revers in Metall den Schriftzug »Tito« trugen? In unserem Villenviertel gab es auch kaum mehr verdiente »alte Kämpfer«, die vordem devot gegrüßt wurden. Unvermittelt wurden sie plötzlich als »Arisierer« bezeichnet, die sich nach dem 2. Weltkrieg in Häusern und Wohnungen von »Staatsfeinden« und Bourgeois breitgemacht hätten. Die bisher hilfsbereiten, kinderfreundlichen und gastfreundlichen serbischen Nachbarn gingen zu dem ausländischen Journalisten auf Distanz – noch dazu einem *Svaba,* eine abwertende Apostrophierung für alle Deutschsprachigen, da sie doch täglich im Dnevnik, der Abendschau des TV Belgrad, um 18.30 Uhr eingeimpft bekamen, dass Deutschland, Österreich, ja auch die USA Jugoslawien zerschlagen wollten und sie so Serbiens Feind No. 1 seien. Einer »internationalen antiserbischen Verschwörung« wurden alle aufbrechenden Probleme, auch im Alltag, angelastet. Nächtliche Anrufe von Unbekannten drängten uns, schleunigst aus Serbien zu verschwinden. Aber auch die Serben untereinander waren nicht mehr alle gleich. Eine Serbin aus Syrmien machte mir klar, dass sie, da sie über Jahrhunderte der KuK-Monarchie angehört hatten, eben anders seien. Die Grenze verlief entlang dem Fluss Save, der unter der alten, türkischen Festung Kalemegdan in die Donau mündet, also jetzt mitten durch Belgrad.

Am linken, sumpfigen Ufer der Save hatte Tito Neu-Belgrad aus dem Boden stampfen lassen, womit er die Jahrhunderte alte Grenze zwischen dem Balkan und Europa zu überwinden gedachte. Solche modernen Wohnviertel, auch in anderen jugoslawischen Städten, vor allem aber in Industriezentren, waren im Rahmen der Vierjahrespläne mit der forcierten Industrialisierung erbaut worden, parallel mit der Kollektivierung der Landwirtschaft. Für die erste Generation der vom Landarbeiter zum Industriearbeiter umfunktionierten Menschen stellten die Wohneinheiten in den Hochhäusern zweifellos einen Fortschritt dar. Die junge Industriearbeiterschaft blieb aber durchweg noch mit einem Bein der väterlichen Scholle verhaftet. Nach dem von den Bauern erzwungenen Stop der Zwangskollektivierungen in dem fruchtbaren Slawonien, in der Batschka und im Banat, in der serbischen Sumadija und in Makedonien weigerten sich die Bauern, in den Kollektiven zu arbeiten, und verweigerten die Ablieferung landwirtschaftlicher Produkte von dem ihnen verbliebenen Hofland. Eine Hungersnot war in dem landwirtschaftlich reichen Jugoslawien die Folge. Gezwungenerweise beugte sich das Tito Regime, insbesondere in der Zeit nach dem Bruch mit Stalin 1948, und riss das Steuer mit einer überhasteten Rekollektivierung um 180 Grad herum. Die Bauernmärkte in den Städten wurden wieder zugelassen, die nahezu über Nacht auch wieder gut beschickt waren und so die Versorgung der Stadtbevölkerung sicherten. Die in Städte und Industriezentren abgewanderten Familienmitglieder wurden von den Eltern oder Geschwistern, die das bäuerliche Anwesen wieder weiter bewirtschafteten, mit den wichtigsten Lebensmitteln versorgt.

Ein Schwein wurde für die »Städter« mitgefüttert, Geflügel, Bohnen, Obst, Kraut und ein Fläschchen Slibowitz wurden im Herbst angekarrt. Den Arbeitslohn sparten die Industriearbeiter für die Anschaffung einer »Fica«, ein Kleinauto à la Topolino, das in Kragujevac erzeugt wurde. Die private Bauernschaft als Versorger der jungen Industriearbeiterschaft war das Erfolgsrezept des Tito-Sozialismus!

In der Schlafstadt Neu-Belgrad war auch das Hochhaus des Zentralkomitees des BdKJ, umgeben von Hochhäusern, in denen besonders ausgesuchte Kader wohnten, welche die so genannte Alarmeinheiten zum Schutze des ZK-Sitzes bildeten. Wen sollten sie beim Zerfall der Partei noch beschützen? Aber auch alteingesessene serbische Familien waren vom aufbrechenden serbischen Chauvinismus überfordert. Selbst in den Kirchen fand der nationalistische Virus seinen Niederschlag. Die Anschlagtafeln waren übersät mit Bitten und Angeboten zum Wohnungstausch von Belgrad nach Zagreb, nach Laibach und Sarajevo und umgekehrt. Wochenendhäuschen und Datschas in Dalmatien wurden zum schnellen Kauf angeboten, obwohl die Eigentümer gar nicht wussten, ob sie über ihre Immobilien noch verfügen konnten. Die nationale Separierung schien unaufhaltsam, jeder wollte aus einer fremden Umgebung in seine ursprüngliche Heimat zurück, ob nun Kroate, Serbe, Slowene oder Mazedonier. Als erste waren die »Siptari«-Albaner, aus Belgrad verschwunden, wo sie als Gastarbeiter in minderen Berufen tätig waren, so dass in manchen Stadtvierteln die Müllabfuhr zusammenbrach und auf Bahnhöfen und Märkten keine Lastenträger mehr tätig waren. Der Jubel, der beim Abmarsch die Belgrader Garnison in Richtung Kroatien begleitet hatte, war schnell verflogen. Schneller als die Wolken von Slibowitz und anderer Alkoholika, welche die Belgrader ihren Soldaten mit auf den Weg gaben. Übrigens einen kurzen – nach knapp 100 km schwenkte das vollmotorisierte Belgrader Korps von der Autobahn zum Städtchen Vukovar ab. Mit dem Anhalten erbitterter Kämpfe an der Donau und der Mobilisierung weiterer Jahrgänge machte sich Sorge, Angst, ja Panik breit.

»Soldaten der Volksarmee melden sich bei der Bahnhofskommandantur, Flüchtlinge aus Slowenien und Kroatien bei den Auffangstellen am Bahnsteig Eins, dort erhalten sie Hilfe und weitere Anweisungen«, schallte es aus Lautsprechern auf dem Hauptbahnhof in Belgrad, der aus dem ersten Jahrzehnt des 20. Jahrhunderts stammte und von Filmemachern für historische Szenen bevorzugt wurde. Aus überfüllten Fernzügen aus dem Westen Jugoslawiens, wo der Eisenbahnverkehr noch funktionierte, während Autobahn und Straßen längst gesperrt waren, strömten tausende Menschen. Rotkreuzschwestern sprangen vor allem Frauen bei, die mit vier, fünf Kindern eintrafen. Ein großer Warteraum war für Soldaten reserviert, andere Wartesäle für Flüchtlinge. Die Organisation klappte überraschend gut, was darauf hindeutete, dass MOB-Pläne seit langem vorbereitet waren. Das Bild war bereits bedrückend kriegerisch. Ob sie sich in Slowenien bedroht fühlte, fragte ich eine Serbin, die ein Kleinkind auf dem Arm hielt. »Eigentlich nein, auch wenn man mich beim Ausbruch der Kämpfe in meiner Fabrik als Zigeunerin beschimpft hat.« Aber sie wollte wieder zurück. Ihre größte Sorge blieb ihr Arbeitsplatz. In Kamnik, einem kleinen Ort in Slowenien, verdiente sie 600 bis 700 DM im Monat, ihr Mann sogar etwas mehr. Für jugoslawische Verhältnisse waren das hohe Einkommen, von denen in Serbien oder Mazedonien kaum geträumt werden konnte. »Ob wir wieder zurück können, wenn alles vorbei ist?«, fragte mich bedrückt ein montenegrinischer »Gastarbeiter«, der schon Jahrzehnte in Slowenien gelebt hatte. »Aber die Armee hätte auf Slowenien nicht schießen dürfen«, fügte er ungefragt hinzu. »Es wird wohl nie mehr so werden, wie es war«, sinnierte ein Mazedonier, der von der Arbeitsmoral und der Kultur im Musterländle schwärmte. »Ich bekomme dort auch meine Pension und kehre wieder zurück«, versuchte er sich Mut zu machen. Die meisten der Flüchtlinge sahen mit Bangen der weiteren militärischen und politischen Entwicklung in Jugoslawien entgegen.

Bei den meisten jugoslawischen Kollegen, mit denen ich lange Jahre berufliche Kontakte pflegte, war es ratsam, ihr neues nationales Bekenntnis zu erkunden. Manche waren ganz einfach unerreichbar geworden, für einen westlichen Korrespondenten! Prominente und KP-Parteijournalisten, die die nationalistische Kurve nicht rechtzeitig kriegten, flogen auf die Straße. Andere, die von ihren Redaktionen aus den Teilrepubliken nach der Hauptstadt Belgrad beordert worden waren, schlossen ihre Büros, Korrespondenten brachen ihre Zelte ab, manche bekundeten ihre Loyalität zu Serbien, besonders in Mischehen lebende. Scheidungsrichter hatten plötzlich alle Hände voll zu tun. Leidtragende waren die Kinder, wenn eines dem serbischen Vater, das andere der kroatischen Mutter zugesprochen wurde. Misstrauen, Vorsicht und Furcht riss überall ein. In Institutionen, wie Fernsehen, Rundfunk und Verlagshäusern, wo ich wohl bekannt war, musste ich trotz Presseausweis beim Portier warten, bis mich eine Begleitperson abholte und zum Studio oder zur Redaktion begleitete. Verantwortliche Leiter technischer Anlagen trugen plötzlich Uniformen der Jugoslawischen Volksarmee und gaben sich als Vertrauensmänner-Reserveoffiziere zu erkennen. Das Buffet von Radio Belgrad durfte ich als Ausländer nicht mehr betreten, was manchen serbischen Kollegen wohl peinlich war, die sich deshalb mit Gesten, wie »die dort oben«, entschuldigten.

Die *turska* (Türkischer Kaffee) hieß mit fortschreitender Kriegszeit *makedonska* oder gar *srpska kafa*. Die Öffentlichkeit machte jeden Schwenk mit. In Jahrzehnten hatte sie die absolute Kontrolle der Partei über die Medien verinnerlicht und sich daran angewöhnt, dass diese den Machthabern dienten und so auch die Politik in der Nach-Tito-Ära das Recht hatte, sie vor ihre Interessen zu spannen. In dem nationalistischen Rausch, der Serbien ergriffen hatte, konnten dies die neuen Machthaber umso leichter umsetzen. Mit den wachsenden Versorgungsproblemen im Alltag, vor allem dem Mangel an Medikamenten und technischen Artikeln – selbst Stecknadeln und Schrauben waren Mangelware, da diese jetzt im »Ausland« Slowenien und Kroatien produziert wurden –, und mit dem ersten Toten in unserem stillen Gässchen griff eine gewisse Ernüchterung bei unseren Nachbarn um sich. Der junge Kellner war nicht als Soldat gefallen, hatte vielmehr als »Freiwilliger« einer »serbischen patriotischen Einheit« in Bosnien ein *kafic* serbisiert, war dann aber von einem stärkeren verdrängt worden. Mit der galoppierenden Inflation sank der Lebensstandard rapid. Je mehr Nullen am neuen Dinar, um so schneller wurde die D-Mark stabile und praktische Zweitwährung. Im Parlament wurden Haushaltspläne nur noch in D-Mark diskutiert, auf den Automärkten waren die Preise nur noch in Deutscher Mark verzeichnet. Jedes Bäuerlein auf den Belgrader Bauernmärkten kannte den Tageskurs und, o Wunder, er gab auch in Mark und Pfennig heraus. Die wegschauende Politik des Titoismus, die den Zug von Millionen Gastarbeitern nach dem Westen toleriert hatte und so Unruhen wie in anderen kommunistischen Ländern vermied, trug unerwartete Früchte. In der Not wurden Milliarden an harten Devisen aus dem Strohsack geholt, in der engeren Heimat von Milosevic waren es vor allem österreichische Schillinge, während hunderttausende gut ausgebildete, junge Menschen emigrierten und so Serbien unaufhaltsam zum Armenhaus des Balkans verfiel. Diesem Preis für die ultranationalistische Diktatur Milosevics konnte sich kein Serbe entziehen.

Die nationale Spaltung ereilte auch die Großfamilie Josip Broz Titos. Er, der praktizierende Jugoslawe, der den Vielvölkerstaat unter kommunistischen Vorzeichen unauflöslich zusammenschweißen wollte, galt und gilt den Serben als Kroate. Serbische Ultras fordern unentwegt Titos Exhumierung aus dem Ehrengrab in seiner Residenz in der Uzicka-Straße hoch über Belgrad und seinen »Reexport« nach Kroatien, wie sich der Cetnik-Wojwode Vojislav Seselj (nun vor dem Kriegsverbrechertribunal in Den Haag) auszudrücken pflegte. Titos ältester Sohn Zarko, aus der Ehe mit der Russin Pelagija, den Stalin als »Held der Sowjetunion« ausgezeichnet hat, lebte als Serbe bis zu seinem Tod in Belgrad. Titos jüngster Sohn Alexander Misa aus der kurzen Liaison mit der volksdeutschen Studentin Herta Hass aus Marburg in Slowenien, aber in Kroatien geboren, machte nach dem Zerfall des politischen Werkes seines Vaters – Jugoslawien – in der Ära des kroatischen Präsidenten Franjo Tudjman Karriere als Wirtschaftsmanager, zeitweilig auch als Rat an der Kroatischen Botschaft in Moskau. Eine Schwester von Titos letzter Frau Jovanka, die er 1952 geheiratet hat, lebt im kroatischen Dalmatien. Sie selbst wagte es bisher nicht, sie dort zu besuchen. Oder sollte die Serbin Jovanka Broz, geborene Budisavljevic aus der Lika, die in einem baufälligen Domizil in Belgrad unter unwürdigen Verhältnissen hauste, noch immer unter Hausarrest der Staatspolizei stehen?

Die einst rassige slawische Schönheit, jetzt eine gebeugte alte Frau, zeigt sich nur selten in der Öffentlichkeit. Und dann in Begleitung ihres »Chauffeurs«, einem Beamten der serbischen Staatspolizei. Die Öffentlichkeit nimmt von Jovanka Broz auch kaum mehr Notiz. Die Gattin Titos, die einst ganze Seiten der Illustrierten füllte, ob nun im In- oder Ausland, ist Belgrader Blättern gerade noch ein Foto am Todestag Titos wert, wenn sie sein Grabmal im Blumenhaus seiner Residenz in der Uzicka-Straße in Belgrad besucht. Das an diesem Tag auch der Öffentlichkeit zugängliche Blumenhaus wird jetzt wieder von Titoanhängern und alten Kämpfern frequentiert, sogar von einem Radfahrerklub aus Slowenien, was Belgrader Blätter erstaunt registrierten.

Das »Blumenhaus blüht auf«, titelt das Belgrader Blatt »Vecerne novosti« und fragt, ob etwa eine Tito-Nostalgie anhebt?

Binnen zwei, drei Jahren, 1988–91, veränderte sich das Klima im Vielvölkerstaat rasant und auch in Belgrad blieb kein Lebensbereich verschont. Am deutlichsten distanzierten sich die Slowenen von Belgrad. Ihre Abgeordneten in Partei und Staat, aber auch hohe Beamte in den Bundesministerien und Leiter slowenischer Firmenniederlassungen, reisten Freitagabend mit Nachtzügen in Richtung Laibach, um dort das Wochenende bei ihren Familien zu verbringen, und kehrten Montagfrüh zu ihren Dienststellen in der jugoslawischen Hauptstadt zurück. Auch Gasthäuser, Cafés und Lokale, die vordem sozusagen »multinational« waren, oder gar beliebte Treffpunkte von in Belgrad lebenden Slowenen, Kroaten oder Mazedoniern waren, veränderten ihr Gesicht. Ein beliebtes slowenisches Kaufhaus in Neu-Belgrad ward plötzlich von der serbischen Kundschaft gemieden und selbst in den vielen Studentenheimen rückten die diversen Nationalitäten zusammen oder gingen auf Distanz zueinander. Überall grassierende nationalistische Viren vergifteten den Alltag.

MACHTKÄMPFE

Der Machtkampf und ideologisch-politische Bruch in Tito-Jugoslawien wurde mit der Aburteilung des Kritikers der »Neuen Klasse« (1954), Milovan Djilas, einst der Kronprinz Titos, als Revisionist, schon früh sichtbar. Tito stellte hiermit seinen gefährlichsten ideologischen Konkurrenten kalt, der eine Demokratisierung des Sozialismus anstrebte. Gleichzeitig verbesserte Tito sein Verhältnis zu Stalin, dessen Rote Armee von Djilas der schwersten Kriegsverbrechen auf jugoslawischem Staatsgebiet beschuldigt worden war. »Die Stabilität Jugoslawiens lag in der Macht, die Tito monopolistisch mit seiner Persönlichkeit verkörpert«, urteilte M. Djilas gnadenlos in seiner »Kritischen Biografie« Titos. Tatsächlich scheute der pragmatische Stalinist Tito keine Säuberung, um seine unumschränkte Macht zu festigen. Die Gunst des Kalten Krieges zwischen West und Ost, ließ das Versagen der Arbeiterselbstverwaltung, übrigens einer Idee von Djilas und später des sozialistischen Selbstverwaltungssozialismus des Chefideologen Edward Kardelj, nicht nur übersehen, sondern als Markenzeichen einer Spielart des Kommunismus allseits bewundern. Die Säuberung der Partei- und Republikführung Sloweniens, die Tito beschuldigte, eine Sonderrolle à la Freistaat Bayern spielen zu wollen, richtete sich gegen Abweichler anderer Art als die Jahre vorher erfolgte Säuberung von Stalinanhängern nach seinem riskanten Bruch 1948 mit Stalin und der Kominform. Sie wurden zur »Läuterung« auf die kahle Adriainsel Beli Otok deportiert und dort einer so wirksamen Gehirnwäsche unterzogen, dass sie auch nach Jahren zu Aussagen über ihren Aufenthalt dort nicht zu bewegen waren. Die abrupte Entfernung des Wirtschaftsministers Kiro Gligorow, eines Mazedoniers, wegen allzu liberaler Wirtschaftskonzepte, die Auflösung des »Kroatischen Schulvereins« und Einkerkerung des vormaligen Generals der JVA, Franjo Tudjman, schließlich die Entmachtung der Führung der bosniakischen Muslime mit Alija Izetbegovic und der Sturz der angeblich liberalen KP-Führung Serbiens mit dem jugoslawischen Außenminister Nikezic und der Parteichefin Latinka Perovic muten in ihrer Regelmäßigkeit wie ein 30-jähriges Vorspiel an, das letztlich den Boden für die Nach-Tito-Ära aufbereitete. Mit der Eliminierung neuer Ideen und Impulse zur Modernisierung des Selbstverwaltungssozialismus legte der starrsinnig gewordene Tito die Axt an sein Lebenswerk. Mit der späten Verfassungsänderung von 1974 versuchte er die Nationen und Nationalitäten in seinem Vielvölkerstaat auszubalancieren, machte sich aber die Serben zu Todfeinden. Sie fühlten sich mit den erweiterten Rechten für die autonome Provinz Kosovo und Wojwodina als größtes Volk im Staate entmachtet, womit sie sich nicht abfanden. Mit der Anerkennung der Autokephalität der Orthodoxen Kirche Mazedoniens verfeindete sich Tito mit der mächtigen serbischen Orthodoxie. Auch die serbisch dominierte Generalität der JVA stand der Föderalisierung Jugoslawiens höchst kritisch gegenüber. Die bis dahin ihrem Marschall Tito ergebene Generalität hegte erste Zweifel an dem Kroaten Tito. Für den Verteidigungsminister und Zentralisten General Velko Kadijevic war die Verfassung von 1974 der »Anfang vom Ende Jugoslawiens – die Armee hatte kein Vaterland mehr«, klagte er in seinen Memoiren. Das von Tito kreierte Staatspräsidium als kollektives Führungsorgan, in dem die sechs Teilrepubliken und die zwei autonomen Provinzen vertreten waren, funktionierte gerade noch unter seiner Lenkung am langen Zügel. Sechs Jahre Probelauf waren zu kurz, jedenfalls im Verhältnis zu nahezu vier Jahrzehnte Titos absolutistischer Herrschaft. Mit dem sich verschlechternden Gesundheitszustand und schwindenden Energien Titos geriet das Staatsgefüge zusehends ins Wanken.

Ende 1980 musste Tito das linke Raucherbein amputiert werden. Großformatige Fotos auf den Titelseiten aller Tageszeitungen bildeten einen bis zum Hals verhüllten, aber lachenden Tito ab, der die Amputation gut zu überstanden haben schien. Trotz schärfster Sicherheitsmaßnahmen sickerte durch, dass Tito schon wochenlang gehirntot war, bevor er offiziell für tot erklärt worden war.

Das Tito die UNI-Klinik im slowenischen Laibach dem Militärkrankenhaus in Belgrad vorgezogen hatte, werteten serbische Spitzenpolitiker geradezu als Affront. Aber selbst das »lange Sterben« Titos bis zum Abschalten der die Lebensfunktionen erhaltenden Maschinen reichte nicht aus, die Machtkämpfe, aber wohl auch völlige Ratlosigkeit im achtköpfigen Staatspräsidium zu kanalisieren. Auch die Parteihierarchie konnte den Abgang ihres Jahrzehnte tonangebenden Parteichefs nicht verwinden, der während seiner Herrschaft jeden »Kronprinzen« oder gar präsumtiven Nachfolger kalt abserviert hatte. Noch nicht einmal seiner Gattin Jovanka, die in einem Gästehaus der slowenischen Landesregierung auf Abruf gewartet hatte, gestatteten die eifersüchtigen roten Granden und politischen Erbschleicher, Tito in den letzten Stunden beizustehen. Auch ein Testament oder eine letztwillige, mündliche Weisung politischer Art soll es nicht gegeben haben, jedenfalls wurde keine gefunden oder veröffentlicht. Tito verstarb einsam 88-jährig im Mai 1980 in der slowenischen Klinik. Sein Sarg wurde in dem berühmten »Blauen Zug«, von dem aus er, wie ein mittelalterlicher Kaiser von Pfalz zu Pfalz reisend, sein Reich Jahrzehnte lang regiert hatte, nach Belgrad gefahren. Die Fahrt war sein letzter triumphaler Auftritt vor der Geschichte, da ihm Hunderttausende entlang der 1.000 km langen Strecke huldigten und das alte Partisanenlied sangen: »*Tito mi ti se kunemo, da stvog puta neskrenemo*« – »Tito, wir schwören dir, von deinem Weg nicht abzuweichen!« Noch einmal schien die Trauerfahrt alle aufgekommenen Probleme im Vielvölkerstaat zu verdrängen. Die Teilnahme von 45 Staats-, Regierungs- und Parteichefs an seiner Beisetzung im Blumenhaus seiner Residenz in der Uzicka-Straße in Belgrad galt dem großen Staatsmann Tito. Eine Tatsache, die seine kollektiven Erben im Staatspräsidium gründlich missverstanden haben und die vergeblich von seinem internationalem Ansehen und innenpolitischer Zucht zu profitieren trachteten. Mit Titos Ableben blühten wieder Gerüchte über seine Doppelrolle auf, wie dass der verstorbene nicht der richtige Josip Broz wäre, sondern ein vor Jahrzehnten von der Sowjetunion untergeschobener Agent. Begründet wurde das unter anderem mit der Behauptung, dass dem richtigen Josip Broz der kleine Finger der rechten Hand gefehlt hätte, der jetzt verstorbene dagegen gerne und gut Klavier spielte. Letztlich mit dem eigenartigen Dialekt des Josip Broz aus dem Dorf Kumrovec im kroatisch-slowenischen Grenzgebiet, welcher auf einen Russen hindeuten würde, der serbokroatisch erst erlernt haben könnte! Dass letzteres das erste Gerücht widerlegte, spielte in der brodelnden Gerüchteküche keine Rolle. Was zu Lebzeiten Titos unter Verschwörern oder Freunden schon wegen der allgegenwärtigen UDBA nur unter vorgehaltener Hand geflüstert wurde, war in Belgrad nahezu Tagesgespräch. Mit der harten Hand des Diktators war auch der Respekt vor den Staatsorganen verschwunden, aber auch eine schwache Hoffnung auf Gedanken- und Redefreiheit aufgekommen. Die Repression aber wurde fühlbar härter, bekannte Regimekritiker wurden vorübergehend festgenommen, Verhöre Verdächtiger waren an der Tagesordnung und das Spitzelunwesen erhielt ungeahnten Auftrieb. Treffender als schwirrende Gerüchte war der in Belgrad sofort kursierende, makabre Witz, dass Titos kollektiven Nachfolgern selbst der eine verbliebene Stiefel Titos zu groß wäre, was selbst Ausdruck in treffenden Karikaturen im Parteiblatt »Borba« fand, die das machtlüsterne, serbische Mitglied im Staatspräsidium, Borisav Jovic, in einer viel zu großen Marschalluniform mit einer schief sitzenden, goldbestickten Kappe zeigte. Das Hauen, Stechen und Intrigieren der acht Männer im Staatspräsidium führte letztlich zum Untergang der SFRJ in einem blutigen Finale. Über das schändliche Verhalten der Oberapparatschiks gegenüber der Witwe Jovanka Broz, die bei Nacht und Nebel mit einem Köfferchen und Titos weißen Zwergpudeln aus der Residenz vertrieben wurde, sollte nicht geschwiegen werden.

Sie, gebürtige Budisavljevic, Serbin aus der Lika in Kroatien, Partisanin der ersten Stunde und Major der JVA, der höfische Kabale unterstellt wurden, hätte als Insiderin den Zerfall Jugoslawiens verzögern, vielleicht den Bruderkrieg hintanhalten können. Aber sie wurde von nimmersatten politischen Erben mundtot gemacht, die sich letztlich als unfähig erwiesen, den Vielvölkerstaat zusammenzuhalten. »Tito gehört der Partei, wir gehören Tito«, hatte der Zentralsekretär und die graue Eminenz Stane Dolanz, ein Slowene, verkündet.

Seine Versuche, im Verein mit dem Politbüro, Tito zu einer Scheidung von Jovanka zu bewegen, schlugen zwar fehl, aber der bereits schwer Erkrankte übersiedelte in seinem letzten Lebensjahr in das Weiße Schloss (der serbischen Könige) nach Dedinje in Belgrad.

Das nutzten die balkanischen Machos, um die Witwe Broz später zu erniedrigen. In Belgrad kursierte der viel belachte Witz, dass der korpulente Slowene Stane Dolanz endlich auch die Kleider von Jovanka Broz-Tito tragen würde. Die unaufhaltsamen Veränderungen schlugen sich in gravierenden Veränderungen in der Medienlandschaft Jugoslawiens und auch in der Arbeitswelt eines Korrespondenten nieder. So hatte ich mit der Auflockerung und Auflösung plötzlich nicht mehr aus einem zentralregierten Staat zu berichten, sondern aus sechs Republiken und zwei autonomen Provinzen, die sehr differente Wege einschlugen, wirtschaftlich wie politisch. Hiervon blieb auch die bislang professionell geführte international anerkannte Nachrichtenagentur TANJUG nicht verschont. Ihre Mitarbeiter in den Büros der einzelnen Teilrepubliken folgten wohl oder übel mehr der Politik und den Interessen ihrer Nomenklatura als der gesamtjugoslawischen Linie, wie sie von Tito vorgegeben war. Im Laufe des politischen Erosionsprozesses schwenkte die Zentrale von TANJUG in Belgrad immer mehr auf die großserbische Spur der Machthaber in Belgrad und die vermeintliche Siegesstraße der serbisch dominierten Generalität der Jugoslawischen Volksarmee ein, die zusehends ein Instrument serbischer Politik wurde. Wer nicht mitmachte, wurde gefeuert, Redakteure aus den Teilrepubliken wurden kurzerhand dorthin abgeschoben. Eine gnadenlose Personalpolitik säuberte die Agentur, aber auch Rundfunk, Fernsehen und Presse. Trotz meiner langjährigen Tätigkeit als Beobachter der Szenerie in Jugoslawien erstaunte mich die Vehemenz und das Tempo des Zerfalles des Tito-Staates, dessen mörderisches Finale in einem Bruderkrieg mit Blick auf die enormen Opfer im 2. Weltkrieg nicht zu erwarten war. Schließlich warnten selbst in den Belgrader Parkanlagen 40 Jahre nach dem 2. Weltkrieg noch verschüttete Schützengräben und Bunker, jetzt zu Geräteschuppen umfunktioniert. Die historische Barriere zwischen Okzident und Orient war von dem

Kroaten Josip Broz-Tito mit Hekatomben von Blut, aber auch Fortune und ungewöhnlichen staatsmännischen Fähigkeiten überwunden worden. Auf dem linken sumpfigen Ufer des Grenzflusses Save ließ Tito Neu-Belgrad aus dem Boden stampfen, um auch Serbien beziehungsweise den Osten des Vielvölkerstaates in Europa zu verankern. Der Symbolik war nur eine kurze historische Zeitspanne beschieden. Von einem klaren politischen Vermächtnis Titos verlautete nichts, außer Gerüchten, dass es unterschlagen worden wäre. Tito hat auch keinen »Thronfolger« herangezogen, es blieben nur mittelmäßige Funktionäre und Liebediener. Was war also von dem absolut herrschenden und prunkliebenden Marschall Tito geblieben, der nach dem 1. Weltkrieg vom KP-Gerwerkschaftsfunktionär und KP-Blockwart in Zagreb (Agram) und wiederholten Schulungen im Kominternapparat in Moskau zielstrebig nach den höchsten Funktionen im illegalen KP-Parteiapparat im Königreich Jugoslawien strebte? Nur einmal von einer Gefängnishaft im Zuchthaus Lepoglava unterbrochen, wo Josip Broz eine Reihe prominenter Genossen, wie Mosa Pijade, um sich scharte, die ihm Jahre auch während der Partisanenzeit zur Seite standen. Der ihm in der Illegalität zugedachte Kampfname Tito blieb sein Markenzeichen, das selbst in der kommunistischen Ideologie Spuren hinterließ. Der gelernte Schlosser und Fahrer bei Daimler-Benz in Wiener Neustadt, der als Präsident häufig im Fernsehen seinen proletarischen Stammbaum in der Vorzeigewerkstatt auf seiner Privatinsel Wanga im Brioniarchipel dem Volke vorführen ließ, ließ sich von Kriegsschiffen, U-Bootnetzen und Kampfschwimmern absichern. Im Laufe seiner außergewöhnlichen Karriere war Marschall Tito ein dem Luxus durchaus nicht abgeneigter, ungekrönter Herrscher geworden. Ob nun als »letzter Habsburger, als »roter Monarch« oder als »letzter Condotiere«, wie ihn italienische Journalisten nannten – Tito, der weiße Uniformen und weiße Anzüge liebte, wusste sich unter den Großen dieser Welt zu behaupten und hielt die Zügel im eigenen Lande bis zu seinem Tod fest in der Hand.

## WAS BLIEB VON TITO?

Was ist aber von dem zweifellos reichen, erfüllten Leben des Genossen Josip Broz Tito geblieben? Laut offiziellen Angaben gab es nach seinem Tod zu verteilen: 29 Schlösser, Residenzen, Jagdgüter und Villen, 137.000 ha Land und Wälder, 916 Autos – von Rolls Royce (einem Geschenk der englischen Königin), Mercedes 600, amerikanischen Buicks und sowjetischen Tschaikas bis zum ersten in Jugoslawien erzeugten Zastav-Automobil, Kutschen, Landauer, neun Flugzeuge, 29 Schnellboote und Motorboote, darunter die berühmte »Podgorka« und »Brionka«, weitere Segeljachten, 2068 Gemälde, Skulpturen und so fort. Der Wert wurde auf über eine Milliarde US-Dollar geschätzt! »Niemals habe ich das, was mir geschenkt wurde, als mein Eigentum angesehen, das alles fällt meinem Land zu«, soll Tito kurz vor seinem Tod vor Getreuen erklärt haben, die sich nur schwer vom schönen Leben und Privilegien in Titos Schatten trennen konnten, oder auch nicht wollten. Noch 1984, also vier Jahre nach Titos Ableben, als die Belgrader Regierung unter dem Druck einer wirtschaftlichen Flaute und der öffentlichen Meinung die Trauminsel Brioni für den Fremdenverkehr öffnen wollte und aus diesem Anlass zahlreiche Vertreter internationaler Reiseagenturen eingeladen hatte, beschränkte der kommandierende General die Bewegungsfreiheit der Gäste und der Journalisten auf die drei Gästehäuser am Kai von Brioni. Alles andere blieb militärisches Sperrgebiet, auch für die Gastgeber, zwei Minister der Belgrader Bundesregierung! Die Jugoslawische Volksarmee und ihre Generalität, die auf Marschall Tito seit der Partisanenzeit und der Bildung der ersten provisorischen Regierung am 29. November 1943 in Bihac in Bosnien eingeschworen war, ließ die Muskeln spielen. Tito, der in kritischen innen- und außenpolitischen Phasen immer mit der Armee regierte und erst im Nachhinein die Partei vorgeschoben hatte, versäumte es aber, sie auf die Verwerfungen der Nach-Tito-Ära entsprechend vorzubereiten. Auch die Jugoslawische Volksarmee war in sich zerstritten, wirkte nahezu führungslos, nachdem zu Zeiten Titos selbst die Präsidentschaftskanzlei immer nur als Marschalat bezeichnet wurde, seine militärische Leibgarde auch seine Palastwache stellte und sogar seine Mercedes 600-Staatskarosse Kennzeichen der Armee trug, die auch von ausgesuchten Offizieren gesteuert wurde. Das politische Vakuum nach Tito konnte nur ausfüllen, wer die Generalität der JVA hinter sich brachte. Und die war eben überwiegend serbisch. So war es letztlich dem Präsidenten und Parteichef von Serbien, Slobodan Milosevic, möglich, die von ihm gegängelte serbische Generalität in riskante Kriegszüge für ein Groß-Serbien gegen die mitwohnenden Völker im jugoslawischen Raum zu hetzen: gegen Slowenien, gegen Kroatien, gegen Bosnien-Herzegowina, gegen die Albaner im Kosovo. Zuerst suchte die Armee den Kommunismus und Jugoslawien zu erhalten – Verteidigungsminister und Viersterne-General Velko Kadijevic pochte vergeblich bei Gorbatschow in Moskau an –, dann ein Serbo-Slawien unter Führung Serbiens – wie schon während der Diktatur König Alexanders –, schließlich kämpfte sie für ein Groß-Serbien unter der Diktatur Slobodan Milosevics und zerstörte so den Vielvölkerstaat endgültig. Titos Leitsatz, immer so »zu handeln, als würde es hundert Jahre Frieden geben, sich aber so vorzubereiten, als würde es morgen zum Krieg kommen«, legte die serbische Generalität der Jugoslawischen Volksarmee im engsten Sinne für ihre Kriegszüge im Lande aus.

Der in der höchsten Führungsebene der KP Sloweniens gehegte Verdacht, dass die »Armee ein ideologisch indoktrinierter Organismus« sei, der dringende Reformen verhindere, bestätigte sich schneller als erwartet.

Ein Putsch der Generäle, der Traditionen auf dem Balkan durchaus entsprochen hätte, erwartet und befürchtet wurde, blieb überraschenderweise aus. Dem Viersterne-General und Verteidigungsminister Jugoslawiens, Velko Kadijevic, der als starker Mann in der Armeeführung galt, wurden Putschpläne durchaus zugetraut. In seinen Memoiren, »Meine Sicht des Zerfalles« *(Moje vidjenje raspada),* stellte er bedauernd fest: »Am aussichtsreichsten wäre ein Putsch unmittelbar nach dem Tode Titos gewesen!« Er wäre wiederholte Male hierzu ermutigt worden, ausgerechnet auch von Gadafi während seines Besuches in Libyen im Herbst 1991 – den laut Gadafi »auch der Westen unterstützen würde«. Das entscheidende Problem aber war, dass ein Staat nicht mehr existierte und auch das Staatspräsidium der SFRJ kein Oberkommandierender war, vertraut er seinen Memoiren an, in denen er den Selbstverwaltungssozialismus als »Selbstverwaltungs-Chaos« abqualifiziert. Jedenfalls nimmt General Kadijevic entscheidende innenpolitische Weichenstellungen für sich in Anspruch oder doch gemeinsam mit dem Oberkommando der Armee. So die Amandements der Verfassung von 1988, mit denen Slobodan Milosevic die Autonomie des Kosovo und der Wojwodina auslöschte und so unumschränkter Herrscher in Serbien wurde, sowie im Jahre 1991 die Verhängung des Ausnahmezustandes, Teilmobilmachung, erhöhte Kampfbereitschaft der JVA und anderem. Dass solche dem Staatspräsidium abgerungenen Maßnahmen von diesem kaum umgesetzt wurden und dass dem Generalstab ausgerechnet die zivile Bewegung der »Frauen in Schwarz« einen Strich durch die Rechnung machte, indem sie Rekrutierungsbüros lahm legte, aus den Kasernen bereits mobilisierte Söhne und Männer herausholte, übergeht Kadijevic. Als Serbe sieht er sich von »albanischem, slowenischem, kroatischen und islamischem Separatismus« bedroht, weshalb es den Einsatz der Jugoslawischen Volksarmee zum Schutz der Serben auch »unter Einbeziehung der Territorialeinheiten zur Verteidigung der serbischen Teile in Kroatien und in Bosnien-Herzegowina« befiehlt, deren Existenz er in den Teilrepubliken Slowenien, Kroatien, Bosnien-Herzegowina als »illegal« und Kern von nationalen Armeen beschimpft hat. Die serbische Generalität gibt jetzt jedenfalls den Ton und die Politik vor. Und das sozusagen von oben über das jugoslawische Staatspräsidium, das mit Ausbleiben der westlichen Präsidiumsmitglieder zu einem serbischen Instrument wird. Nicht nur deshalb, da es einfacher war die Männer im Staatspräsidium zu überzeugen, vielmehr um dieses höchste Organ im Staate an die Leine zu legen, in dem die serbisch dominierte Generalität der JVA nicht vertreten war. Tito, der schon mit der Verfassung von 1974 auf einen Ausgleich der Nationen im Vielvölkerstaat setzte, wird wohl früh die Gefahr gewittert haben, die ein Zusammenspiel der Vertreter Serbiens und serbischer Generäle heraufbeschwören würde. Bereits das am 3. April 1990 vom Generalstab vorgelegte »Vierpunkteprogramm zur Stabilisierung« (der Lage im Staate) war zu durchsichtig, als dass das von den Teilrepubliken und autonomen Provinzen beschickte Staatspräsidium darauf eingegangen wäre. Ausgenommen die Repräsentanten Serbiens, was umso auffälliger war. Der Anspruch der Serben, ob mit oder ohne Uniform, auf Vormacht und Hegemonie im Vielvölkerstaat war schon zu Zeiten Titos spürbar geworden. Den letzten Beweis für solche Absichten lieferte die Generalität gemeinsam mit dem Vertreter Serbiens im Staatspräsidium, Borisav Jovic, nach der gescheiterten Strafexpedition gegen Slowenien mit dem Ausschluss der Teilrepublik Slowenien aus dem jugoslawischen Staatsverband. Damit hoffte Belgrad den entschiedensten Gegner serbischer Vormachtansprüche entfernt zu haben. Dass Belgrad damit den Reformern in der slowenischen Führung in Laibach, die ursprünglich lediglich eine Konföderation wie die Kroaten anstrebte, durchaus entgegenkam, steht auf einem anderen Blatt. Die ersten freien Wahlen in Slowenien und in Kroatien konnten von der Armeeführung weder verhindert noch umgebogen werden. Die serbischen Generäle und Ultras hatten ihre letzte Chance für ein straff zentralistische Serbo-Jugoslawien endgültig verpasst. Die Gründung einer orthodoxen, kommunistischen »Generalspartei«, in der sich entmachtete Generäle, Obristen, pensionierte Offiziere und brotlos gewordene »Partisanen« zusammenfanden, wirkte eher albern. Auch die Ankündigung Slobodan Milosevics eine »Sozialistische Partei« (als Nachfolge des BdKJ) neubegründen zu wollen, um eine »Föderation Jugoslawien« zu retten beziehungsweise zu erhalten, die eine Art Sammelbecken belgradorientierter Kommunisten sein sollte, kam zu spät. Ebenso der Versuch des jugoslawischen Ministerpräsidenten Ante Markovic, eines Kroaten der gesamtjugoslawisch orientiert war, mit der Gründung seiner Partei »Bund der Reformkräfte« kam zu spät. Die Ministerpräsidenten Jugoslawiens waren in der Praxis lediglich mit wirtschaftlichen Aufgaben befasst, so dass sein Versuch, plötzlich in die Politik umsteigen zu wollen und sich so letztlich als Retter Jugoslawiens zu präsentieren, in der Öffentlichkeit kaum Wiederhall gefunden hatte. Der neue Vertreter der Teilrepublik Kroatien im Jugoslawischen Staatspräsidium, Stipe Mesic, der seinen rechtmäßigen Platz erst nach heftigem internationalen Druck und der Überwindung erbitterten serbischen Wiederstandes einnehmen konnte, tat dies dann mit der maliziösen Bemerkung: »Ich bin gekommen, um Jugoslawien aufzulösen!«

Das Armeeblatt »Nasa armija« beschimpfte Mesic in der überholten, aber von serbischer Seite wieder belebten, vertrackten Weltkrieg II-Terminologie, ein Ustascha zu sein, obwohl auch er ein gestandener kommunistischer Kader war! Erst nach einer einjährigen Kerkerstrafe für seine Sympathien für den »Kroatischen Frühling« war er zu den Reformern gestoßen.

VOM KORRESPONDENTEN

ZUM KRIEGSBERICHTERSTATTER

Mit der von der Belgrader Generalität der Jugoslawischen Volksarmee vom Zaun gebrochenen Strafaktion gegen das unbotmäßige Slowenien im Juni 1991 wurden über 100 Journalisten, TV- und Rundfunkberichterstatter, Kameramänner und andere Medienvertreter aus aller Welt in der slowenischen Hauptstadt Laibach eingeschlossen. Auch wir, die wir mit meiner Frau am Vortag der offiziellen Ausrufung der staatlichen Selbstständigkeit der Republik Slowenien angereist waren, mit der Absicht, nach den Festivitäten nach Kärnten weiterzufahren. Daraus wurde nichts. Trotz meiner langjährigen Tätigkeit als Korrespondent für Rundfunk und Presse auf dem Balkan und des sich rasant verschärfenden politischen Klimas in Jugoslawien war für mich eine militärische Aktion, geschweige denn ein Krieg im Vielvölkerstaat in wildaufloderndem Hass, Brutalität und Unmenschlichkeit kaum vorstellbar. Zahlreiche Krisen auf dem Balkan waren ohne einen Schuss mit leidigen Kompromissen beigelegt worden, manche brenzlige Situation hatte ich als Korrespondent überstanden. Die Satellitenstaaten im Glacis der Sowjetunion – Ungarn, Rumänien, Bulgarien, Albanien und das blockfreie Jugoslawien – hegten bei aller ideologischen Anhänglichkeit, trotz aller politischen Bündnisse und servilen Bekenntnisse zu Moskau einen mehr oder weniger ausgeprägten Ehrgeiz zu einem eigenständigen sozialistischen Kurs. Auch in der Medienpolitik. Am offensten gegenüber westlichen Medienvertretern gab sich Jugoslawien, das Schlusslicht war Albanien. Gemeinsam war allen roten Balkanstaaten die Visapolitik gegen Journalisten, je nach politischer Großwetterlage. Die meisten akkreditierten Balkankorrespondenten residierten in Belgrad, dem, abgesehen von Wien, bequemsten Beobachtungsposten des Südosten Europas. In den anderen Balkanstaaten waren aus dem Westen nur Reisekorrespondenten »willkommen«. Mit ihrer restriktiven Visapolitik hielten Budapest, Bukarest und Sofia die Zahl und Tätigkeit westlicher Berichterstatter genau unter Kontrolle. In der »lustigsten Baracke im Lager« köchelte KP-Chef Janos Kadar seinen Gulaschkommunismus, in Rumänien zelebrierte der stotternde Megalomane Nicolae Ceausescu unter Anleitung seiner Frau Elena einen Nationalkommunismus, Bulgariens Parteichef Todor Schiwkoff hätte am liebsten sein Land als Sowjetrepublik an Moskau angeschlossen, der Diktator der roten Zwergrepublik an der Adria, Albanien, Enver Hodscha, konvertierte vom glühenden Stalinisten zum bekennenden Maoisten und der jugoslawische Partei- und Staatschef Josip Broz Tito experimentierte in seinem Vielvölkerstaat mit dem Selbstverwaltungssozialismus. Besonderer Aufmerksamkeit erfreuten sich westliche Journalisten der AVO in Ungarn, der Securitate in Rumänien, der UDBA in Jugoslawien. Die Methoden und Mittel der Geheimen Staatspolizeien glichen einander, sie alle waren durch die sowjetische Schule gegangen. Als Antwort auf eine vorlaute Frage an den Chef der Presseabteilung im ungarischen Außenministerium erhielt ich ein Jahr Einreiseverbot.

In Rumänien drückten beim Verlassen der Hotels die Rezeptionisten auffällig auf einen Klingelknopf, was fast wie eine einvernehmliche Warnung wirkte. Bei der Ausreise wurde mir am Bukarester Flughafen Otopeni sogar die offizielle Übersetzung der Parteitagsrede Ceausescus konfisziert. Nach langer Zeit überreichte sie mir ein Grenzoffizier unter zahllosen Bücklingen wie eine wertvolle Reliquie. Die am Rollfeld stehende Passagiermaschine wurde zum Start nicht freigegeben. Mehrere Kollegen, darunter eine britische Journalistin und ich, wurden von der Securitate festgehalten, obwohl in unseren gründlich durchwühlten Koffern nichts gefunden worden war. Dass ich mit ungarischen Studenten, die von der UNI relegiert worden waren, und mit zur Auswanderung bereiten Siebenbürger Sachsen zusammengetroffen war, wurde mir auf den Kopf zugesagt, dürfte aber wohl kaum verboten gewesen sein. Die britische Kollegin hatte ich vom Hotel Palace im Stadtzentrum von Bukarest im Taxi mitgenommen, da das von ihr bestellte nicht »erschienen« war. Sie hatte Kontakte mit einer verbotenen Untergrund-Gewerkschaftsbewegung gehabt, was die Securitate offenbar alarmierte, die westliche Korrespondenten trotz offizieller Einladung zur Berichterstattung vom Parteitag der KP Rumäniens rund um die Uhr observierte. Erst nach vielen Telefonaten der Beamten – auch wir festgehaltenen verständigten unsere Botschaften – kam offenbar von höchster Stelle die Weisung, uns laufen beziehungsweise ausfliegen zu lassen.

In Sofia, der bulgarischen Hauptstadt, aus der ich einmal vom offiziellen Staatsbesuch Titos berichtete, kam es zu einer kuriosen Begegnung im Parteihaus am Roten Platz. Im Anschluss an ein Abendessen stampfte der bulgarische Parteichef Todor Schiwkoff mit seinen schwitzenden Genossen ausgelassen einen Kolo. Tito, der eine Teilnahme abgelehnt hatte, wurde im Saal mit anderen Gästen immer weiter zurückgedrängt und stand unmittelbar vor mir. Während Tito an seinem berühmten Zigarettenspitz kaute und dem Treiben zusah, bemerkte ich in Deutsch zu einem neben mir stehenden Kollegen. »In Belgrad wird Gästen ein besseres Programm geboten ...« Tito drehte sich schmunzelnd um und bemerkte in seinem harten K. K. Deutsch: »Schreiben Sie immer die Wahrheit!« Erst Jahre später erfuhr ich, dass ein aufmerksamer bulgarischer Funktionär die kurze Unterhaltung mit Tito beobachtet hatte und ich so prompt in den Verdacht eines »revisionistischen Sympathisanten« geriet und dass zwei kapitalistische Journalisten damals nur irrtümlich in das rote Heiligtum gelangt waren.

Völlig abgeschottet gegen westliche Medien hatte sich Albanien. Auf der Prager Burg Hradschin wagte ich es 1958 zum Entsetzen der Leibwächter des albanischen Staats- und Parteichefs Enver Hodscha seinen Innenminister Mehmet Shehu anzusprechen und darauf hinzuweisen, dass ich auf ein Visum für Albanien schon monatelang wartete. Shehu bedeutete mir auf russisch, »die Sache sofort zu erledigen« – ich erhielt das Besuchsvisum vier Jahre später, 1962, aber ohne Genehmigung für ein Auto! Ein Jahrzehnt lang gab es dann kein Visum mehr, da Tirana meine Berichte und Reportagen aus Albanien anstößig fand. Wie gesagt, am offensten gab sich die Staatspitze in Belgrad, das jugoslawische Informations- und Außenministerium. Im Innern war die Haltung gegenüber westlichen Korrespondenten unterschiedlich.

Slowenien und Mazedonien waren am kontaktfreudigsten, verschlossen, ja geradezu ablehnend war Serbien. Während alle jugoslawischen Teilrepubliken jährlich eine Informationsreise für Auslandskorrespondenten organisierten, beschränkte sich das serbische Informationsministerium auf eine Veranstaltung im Pensionistenbad Vrnjacka Banja mit reich gedeckten Tischen, Musik und Folklore – aber null politische Information! Die telefonische Überwachung der Auslandskorrespondenten war wohl lückenlos, auch Fernschreiben landeten in Abschrift zeitgleich bei interessierten Dienststellen, auch im sogenannten »Roten TANJUG«, der nur Vertrauenspersonen in Staat und Partei zugänglich war. Dort erschienen meine Artikel früher als in meinen Zeitungen, Rundfunk- und Fernsehbeiträge wurden mit aufgezeichnet. Dass in Belgrad etwa mein Kameramann verschwunden war und ich ihn im Polizeipräsidium auslösen musste, da er ein Haus mit aufgenommen hatte, in dem nur Generäle der JVA hausten, deutete auf die tonangebenden Herren im Lande. Das waren kurz die Arbeitsbedingungen und das tägliche Brot eines Korrespondenten auf dem roten Balkan. Das Alltagsleben in Jugoslawien, vom engen politischen Korsett abgesehen, kann in den 70er und 80er Jahren als normal bezeichnet werden. In dem landwirtschaftlich reichen Land gab es kaum Versorgungsschwierigkeiten, die Vierjahrespläne hatten im Westen des Landes auf Konsumgüterindustrie umgestellt. *Cevapcici* und *raznici* hatten längst die Speisekarten in Westeuropa erobert. Die serbische Küche bereicherten manche Köstlichkeiten arabischer und türkischer Provenienz, die aus der 400-jährigen Herrschaft des Osmanischen Reiches auf dem Balkan stammten. *Cevapcinicas,* zahllose kleine *kafice* (Cafés) schufen im Straßenbild eine heimelige Atmosphäre. Manches, das man gewohnt war, gab es nicht, so Schwarzbrot. Kollegen und Freunde wunderten sich, wenn wir bescheiden als Mitbringsel um ein Schwarzbrot baten. Einmal hatten wir bei der Einreise nach Jugoslawien einen noch ofenwarmen vier Kilo schweren Laib eines wunderbar duftenden Bauernbrotes im Kofferraum abgelegt, der bei Spielfeld-Sentilj zur Gepäckkontrolle geöffnet werden musste.

Ein baumlanger montenegrinischer Zollbeamte mit rabenschwarzem Schnauzbart beäugte den Brotlaib lange, bevor er fragte, was denn das wäre. Meine verblüffte Antwort: »Ein dunkles Brot«, quittierte er mit den Worten: »Müssen Sie aber arm sein!« Verkehrte Welt – für die Männer aus den Schwarzen Bergen galt Weißbrot als die größte Errungenschaft des Sozialismus! Belgrad war gerade dabei, Jugoslawien weit für den Fremdenverkehr zu öffnen. Stillschweigend gestattete es hunderttausenden Bürgern, als Gastarbeiter im Westen harte Devisen zu verdienen, und vermied so Arbeitslosigkeit und Unruhen im Innern. Belgrad, die Hauptstadt Jugoslawiens und Serbiens, vermittelte das Bild einer multinationalen Gesellschaft, nicht zuletzt auf Grund planmäßiger Personalpolitik in Staat, Partei und Wirtschaft, welche die besten Kräfte aus dem Vielvölkerstaat hierher zog. Das galt auch für die kulturelle Szene. Außenpolitisch war Belgrad ungemein aktiv. Gekrönte Staatsoberhäupter, Präsidenten, Premiers, zahllose Minister und Wirtschaftskapitäne, aber auch prominente Revolutionäre und Revoluzzer, die die Regime erst knapp vor ihren angereisten offiziellen Vertreter bedrohten, gaben sich bei Tito die Klinke in die Hand. Tito war eines der Zentren, wahrscheinlich sogar die Zentrale und sicher die schillerndste Figur der »Dritten Welt«, auch Blockfreie und Neutralisten genannt, die im Kalten Krieg von allen Seiten heftig umworben wurden. Sein wertvollstes diplomatisches Meisterstück legte der jugoslawische Staats- und Parteichef Josip Broz Tito auf der Konferenz der Blockfreien Staatschefs 1979 in Havanna auf Kuba ab. Tito durchkreuzte dort die offensichtliche Absicht des kubanischen Diktators Fidel Castro, die Bewegung der über hundert blockfreien Staaten in das Fahrwasser Moskaus zu schleusen. Nicht einmal die perfide Regie der Organisatoren der Konferenz, die seine Redezeit für drei Uhr morgens festsetzte, konnte die fulminante Rede des bereits sichtlich von Krankheit gezeichneten Tito aushebeln, in der er den neutralistischen Kurs zwischen den Blöcken auf einem Höhepunkt des Kalten Krieges neuerlich fixierte, auf dem ihm nahezu alle Staatschefs der Blockfreien folgten. Zutiefst verärgert reiste eine sowjetische »Beobachterdelegation« ab. Die vielen Milliarden US-Dollar an Militär- und

Wirtschaftshilfe der westlichen Welt, vor allem der USA, die sie in Titos Jugoslawien gepumpt hatte, machten sich vollauf bezahlt. Titos Erläuterungen vor den zahlreich aus Jugoslawien mitgereisten Medienvertretern wirkten auf mich wie das außenpolitische Testament eines resignierenden Staatsmannes. Von der damals noch einmal zur Schau gestellten Größe Titos und Jugoslawiens war im atombombensicheren Keller des *Cankarjew dom* in Laibach rund ein Jahrzehnt später, 1991, nichts mehr zu spüren. Der slowenische Verteidigungsrat tagte in Permanenz im gleichen Gebäude.

Die slowenische Führung Kucan-Drnovsek, die noch heute als Wendedemokraten tonangebend in der Republik Slowenien sind, wusste aus der gefährlichen Situation beim Zerfall Jugoslawiens politisch und publizistisch Kapital zu schlagen. Aus dem eilends installierten Pressezentrum im Atombunker berichteten Journalisten für Fernsehen, Rundfunk und Printmedien rund um die Uhr. Der Zugang zum Pressezentrum war nur mit Sonderausweis möglich. Fernschreiber, Telefonzellen, lärmdichte Rundfunkstudios, ja selbst Funkverbindungen für Kollegen aus Japan, China und Übersee, und ein kleines Postamt waren aufgestellt worden. Beiträge für westliche Fernsehanstalten wurden aus dem hart umkämpften Grenzgebiet zum ORF-Studio in Klagenfurt oder RAI-Studio in Triest geschmuggelt, nachdem die Standleitung nach Zagreb gekappt worden war. Der Waffengang in Slowenien wurde so zu einem Medienspektakel, den Interessierte rund um die Erdkugel bequem aus dem Lehnstuhl am Bildschirm oder im Radio miterleben konnten.

Die Welt nahm an dem Zehntagekrieg teil und die Sympathien waren zweifellos auf Seiten der Slowenen. Täglich, auch mehrmals täglich, hielten Präsident Milan Kucan, Infominister Jelko Kacin, andere Regierungsmitglieder und der Christdemokrat Loise Peterle Pressekonferenzen ab, während der sie über den Stand der Kämpfe, die politische Lage, die allgemeine Situation in der Welt informierten. Auch der frisch gebackene slowenische Verteidigungsminister Janez Jansa, der sich vor knapp einem Jahr als Feldwebel d. R. der JVA vor einem Militärgericht in Laibach wegen Wehrkraftzersetzung zu verantworten hatte und zu einer Gefängnisstrafe verurteilt worden war, erschien regelmäßig. Sein Prozess vor einem Militärtribunal der JVA in Laibach war ein letztes Warnzeichen, das die Slowenen einschüchtern sollte, aber das Gegenteil bewirkte. Die drei slowenischen Angeklagten, darunter der Journalist Janez Jansa, durften sich noch nicht einmal in ihrer Muttersprache verantworten. Begründung: Die Militär- und Kommandosprache der Jugoslawischen Volksarmee ist Serbokroatisch, ein Gesetz, das die Soldaten aus allen Nationen und Nationalitäten in jugoslawischer Uniform zusammenschweißen sollte, das Marschall Tito wohl in Erinnerung an seine Soldatenzeit in der K. K. Armee erlassen hatte. Dass in der K. K. Armee jedem Soldaten vor einem Gericht, aber auch bei jedem Disziplinarverfahren und jeder Berufung das Recht auf seine Muttersprache ausdrücklich zuerkannt war, hatte Tito wohl vergessen. Bei dem Hochverratsprozess in Laibach kam es zu kuriosen Situationen. Die drei slowenischen Angeklagten, die natürlich die serbokroatische Sprache fließend beherrschten, riefen nach Dolmetschern und machten die Militärrichter lächerlich, unter denen manche das Slowenische beherrschten. Die Prozessführung geriet zu einem abschreckenden, stalinistischen Schauprozess, der in der slowenischen Öffentlichkeit auf Empörung und lautstarke Ablehnung durch tausende Demonstranten vor dem Gerichtsgebäude stieß. Kritische slowenische Blätter, wie »Mladina« und »Revija«, ritten wütende Angriffe gegen das kommunistische Establishment und das zentralistische Belgrad. Versuche Belgrads, die aufmüpfigen Medien verbieten zu lassen, stießen ins Leere.

Vom 14. Plenum des Bundes der Kommunisten Jugoslawiens im Frühjahr in Belgrad, das die radikale Reformen und Modernisierungen fordernden KP-Führer Sloweniens unter huronischem Gelächter der Delegierten aus Serbien und der Volksarmee verließen, wobei letztere noch nicht einmal merkten, dass sie dem Ableben ihres kommunistischen Jugoslawien applaudierten, führte der direkte Weg in den Abwehrkampf Sloweniens gegen den militärischen Überfall und unwiderruflich weg von Belgrad. Mit Kollegen, Kamerateams und Pressefotografen fuhr ich täglich mit dem O-Bus oder mit dem Taxi zur »Front« an den Stadtrand Laibachs. Dort wurden wir von den slowenischen Verteidigern zwar höflich informiert, aber doch mit aller Bestimmtheit zurückgewiesen, nachdem sich die Kampfhandlungen immer mehr der slowenischen Landeshauptstadt näherten und zwei österreichische Berichterstatter auf dem nahe gelegenen Flughafen Brnik zu Tode gekommen waren. Die Stadt Laibach war von Einheiten der Jugoslawischen Volksarmee nahezu lückenlos eingekreist worden, so dass hochgestellte Gäste, wie der österreichische Außenminister Alois Mock und der deutsche Außenminister Hans Dietrich Genscher, noch nicht einmal zu den Unabhängigkeitsfeiern anreisen konnten.

Alois Mock, auch Mister Europa genannt, setzte sich gegen Bundeskanzler Vranitzky durch, der noch immer Belgrad als Ansprechpartner im zerfallenden Jugoslawien favorisierte. »Dort, wo um Frieden und Freiheit gerungen wird, ist unser Platz«, konterte Mock. Nach vielen Jahren als Süd-Ost-Europakorrespondent mit Sitz in Belgrad und häufigen Flügen zur Berichterstattung in Staaten der Dritten Welt, in der Tito-Jugoslawien eine dominante Rolle gespielt hatte, war ich so unversehens zum Kriegsberichterstatter und journalistischen Freiwild auf dem Balkan geworden. Dass ich das nahezu zehn Jahre lang bleiben sollte, ahnte ich damals zum Glück noch nicht.

WEG VON BELGRAD!

DIE ERSTEN OPFER IN SLOWENIEN

Das Jahrzehnt nach Titos Tod wurde vom wachsenden Selbstbewusstsein der fünf Nationen bestimmt, die neue Formen des Zusammenlebens in einem veränderten Jugoslawien anstrebten, zuerst innere Reformen mit friedlichen Mitteln in einem heillos zerstrittenen Staatspräsidium, was letztlich in einem gnadenlosen Waffengang ausartete. Dilletantische Vermittlungsversuche der Europäischen Gemeinschaft, die unrealistischerweise auf einen Erhalt des sich auflösenden Vielvölkerstaates abzielten, sicherten dem Größenwahn einer Belgrader Clique die benötigte Zeit zur Vorbereitung ihres Krieges gegen Slowenien, Kroatien, Bosnien-Herzegowina.

»Es war wie ein böses Omen«, erinnert sich die österreichische Geschäftsträgerin Stefanie Bastel an die Übergabe ihres Beglaubigungsschreibens beim Präsidenten der neu ausgerufenen Republik Slowenien in Laibach. Zwei heftige Detonationen am nächtlichen Himmel erschreckten sie und ihre ebenso frisch gebackenen Geschäftsträger aus Deutschland, Italien etc. bei ihrem Gang zum nahe gelegenen Festplatz. Zwei Jagdflugzeuge des sowjetischen Typs Mig 29 der Jugoslawischen Volksarmee hatten genau über dem Platz der Republik der Hauptstadt Laibach die Schallmauer durchbrochen. Der Krach ließ die froh gelaunte Menschenmenge zusammenzucken, die sich zur Feier der Ausrufung der Selbstständigkeit der Republik Slowenien eingefunden hatte. Mit einer ernsten, kurzen Rede des Staatsoberhauptes der jungen Republik, deren 1,9 Millionen Bürger sich in einer Volksbefragung für die staatliche Unabhängigkeit und den Austritt aus der Föderativen Sozialistischen Republik Jugoslawien ausgesprochen hatten, dem Hissen der neuen Staatsflagge ohne den roten kommunistischen Stern, wurde die Republik Slowenien aus der Taufe gehoben. Das alte Trinklied »Ihr Freunde, hebt die Gläser ...«, nun Staatshymne, beendete die kurze Feier vor dem Parlamentsgebäude. Das nach dem 1. Weltkrieg in Versailles von den Alliierten aus den Trümmern der Österreichisch-ungarischen Monarchie und des Osmanischen Reiches zusammengebastelte und von Josip Broz Tito im 2. Weltkrieg unter kommunistischen Vorzeichen blutig reanimierte Jugoslawien ward endgültig Geschichte. Ein schwacher Zug slowenischer Soldaten in nagelneuen, olivgrünen Uniformen hatte zu dem Zeremoniell ihre Kalaschnikows präsentiert. Dass sie schon nach wenigen Stunden im Morgengrauen des 22. Juni 1991 ihre Feuertaufe erhalten sollten, ahnten sie ebenso wenig wie die Hundertschaft von ausländischen Journalisten, TV-Kamerateams, Pressefotografen, die zu dem historischen Ereignis in die slowenische Landeshauptstadt angereist waren.

Auch wir verließen in eher gedrückter Stimmung, wie die geladenen Festgäste, nach der unüberhörbaren Machtdemonstration der jugoslawischen MIG den Festplatz, während bereits im Laufe der Nacht Arbeitskommandos mit schweren Baumaschinen und mit Sand beladenen LKWs die Straßenkreuzungen um das Regierungsviertel, der Nervenzentrale der Republik Slowenien, blockierten. Man war für alle Eventualitäten gerüstet, nachdem aus Belgrad nur noch Drohungen zu hören waren. Alarmierte Einheiten der Jugoslawischen Volksarmee und solche, die aus dem Osten anmarschierten, kreisten über Nacht Laibach ein und riegelten es so von der Umwelt ab, während an den Staatsgrenzen zu Österreich und Italien die Armee die Macht übernehmen wollte und es dort zu ersten Kampfhandlungen kam. Dass das Armeeoberkommando in Belgrad ausgerechnet an dem Tag die Muskeln spielen ließ, als zu der Ausrufung der staatlichen Selbstständigkeit Sloweniens zahlreiche prominente politische Gäste und Medienvertreter aus dem Ausland in die slowenische Hauptstadt angereist waren, sollte sich für Belgrad noch als folgenschwer erweisen.

Fieberhaft bemühte sich der turnusmäßige Vorsitzende des jugoslawischen Staatspräsidiums, der Slowene Drnovsek, der in Belgrad um seine persönliche Sicherheit fürchten musste, von Laibach aus um einen Waffenstillstand. Unumgängliche Reisen ins westliche Ausland musste er vom Flughafen Klagenfurt antreten, da die JVA den Luftraum über Slowenien gesperrt hatte, die Flughäfen blockierte und der jugoslawische Verteidigungsminister, General Kadijevic, mit der Bombardierung Sloweniens drohte.

Schon bald stürzte eine Staffel jugoslawischer Jagdbomber, Typ Galeb, auf einen Landrover herab, der wie ein schwarzer Käfer auf der in der Morgensonne hell glänzenden Piste des Flughafens Brnik bei Laibach dahinkroch. Ein im Schneidersitz auf dem Autodach klebender Kameramann filmte die in das enge Tal einfliegende Bomberstaffel. Ihr überraschender Angriff galt den Passagiermaschinen der slowenischen Fluggesellschaft Adria-Airways, die aber schon im Morgengrauen zum Flughafen Klagenfurt im benachbarten Kärnten geflüchtet waren, wo sie Sicherheit suchten und fanden. Mit ihnen einige kleine Privatmaschinen, die somit ebenfalls für die Jugoslawische Luftwaffe unerreichbar waren. Die riskante Nachbarschaftshilfe in größter Not widerlegt Brunnenvergifter, ewig gestrige Provokateure und die von ihnen immer wieder angeheizten Gerüchte über Spannungen und Animositäten zwischen Slowenien und Kärnten. Die Sturzflüge der Galeb-Jagdbomber wurden so ungewollte Scheinangriffe auf den leer gefegten Flughafen Brnik, der bereits bei Gefahr in Verzug auch von Passagieren und dem Flughafenpersonal geräumt worden war. Nur einige PKW und Räumgeräte, die in aller Eile auf die Startbahn geschoben worden waren und diese blockieren sollten, wurden von den Kampfflugzeugen in Brand geschossen. Schon kurz nach der Unabhängigkeitserklärung der Republik Slowenien am 21. Juni 1991 rollten Armeepanzer in Slowenien ein und zernierten unter anderem den Zivilflughafen Brnik. Der unter dem Kommando eines serbischen Majors stehende Führungspanzer der Panzerkolonne eröffnete ohne jede Vorwarnung das Feuer auf das einsame zivile Fahrzeug auf der Piste, trotz der an dem schönen Junitag gut sichtbaren Aufschriften PRESSE – PRESS! Schon der zweite oder dritte Schuss war ein Volltreffer. Der Landrover mit Wiener Kennzeichen explodierte in einer hohen Stichflamme und riss den Kameramann und den Fahrer mit in den Tod. Sie führten im Wagen mehrere Kanister Super mit, da in Slowenien seit Ausbruch der Kampfhandlungen zwischen der Jugoslawischen Volksarmee und den sich verzweifelt verteidigenden Slowenen Spritmangel herrschte. Die beiden österreichischen Journalisten, der 23-jährige Nick Vogel (Sohn der Kammerschauspielerin Jesserer) aus Wien und der ebenfalls 23-jährige Norbert Werner aus Laxenburg hatten keine Chance, dem Flammeninferno zu entkommen. Waren die Todesschüsse im Kampfauftrag abgefeuert oder gezielte Schüsse zur Unterbindung einer freien Berichterstattung, also vorsätzliche Taktik der Militärs? Eine bedrückende Frage, die sich im Laufe der Kriege im jugoslawischen Raum immer öfter stellte.

Der Genosse Major hinter dem Sehschlitz einer sicheren Panzerblende knallte die beiden jungen Journalisten wie Freiwild ab! Seine Schießwut hätte Warnung sein können. Sie wurde aber als bedauerlicher Zwischenfall beziehungsweise Übergriff eines Einzelnen gewertet, was sich als tödlicher Irrtum für viele andere Journalisten erweisen sollte. Mehr als 60 Journalisten aus Presse, Rundfunk und Fernsehen, Kameramänner, Toningenieure und Hilfskräfte büßten ihr Leben ein, neben zahllosen Zivilisten, nach unvollständigen Schätzungen über 200.000. Die Berichterstatter fanden den Tod durchweg während der Ausübung ihres Berufes bei Kampfhandlungen in Slowenien, Kroatien, Bosnien-Herzegowina, Montenegro und im Kosovo. Die näheren Umstände ihres gewaltsamen Todes blieben oft ungeklärt, manche konnten erst Jahre später geklärt werden, meist blieb ihr Tod ungesühnt, wie der erste Mord an den österreichischen Journalisten im slowenischen Brnik. Zwar fand laut einer Pressemitteilung des Kommandos der Jugoslawischen Volksarmee in Slowenien vor einem Militärgericht in Novo Mesto eine formelle Untersuchung über den Vorfall auf dem Flughafen Brnik statt – es sprach jedoch die Todesschützen erwartungsgemäß frei. Der serbische Major konnte sich mit den Soldaten seiner Panzerabteilung, insofern sie bei der jugoslawischen Fahne geblieben waren, nach Ende der Kämpfe in Slowenien über den slowenischen Adriahafen Koper mit dem Fährschiff »Liburnija« nach Montenegro absetzen, da Kroatien, das ebenfalls seine Unabhängigkeit ausgerufen hatte, den Durchmarsch abziehender jugoslawischer Truppen nicht mehr gestattete. Ihre Panzer und schweren Waffen mussten die Einheiten der JVA in Slowenien zurücklassen, während die entwaffneten Soldaten unter Aufsicht slowenischer Militärpolizisten das wartende Schiff bestiegen. An der Gangway sagte noch mancher Soldat der Uniform ade, vor allem Albaner und Bosniaken. Sie folgten so dem Beispiel tausender desertierter Slowenen und Kroaten, die für Jugoslawien nicht kämpfen wollten. Die in aller Eile mehr schlecht als recht bewaffneten Freiwilligen der slowenischen Territorialverteidigung hatten den Nimbus der Jugoslawischen Volksarmee ins Wanken gebracht, deren Unbesiegbarkeit seit dem 2. Weltkrieg propagandistisch gepflegt und hochgehalten wurde. Das kleine Slowenien zeigte den überheblichen Generälen der Jugoslawischen Volksarmee in Belgrad die Grenzen ihrer Macht auf. Die Zerfallserscheinungen der JVA in Slowenien gemahnten an den Zusammenbruch der königlich-jugoslawischen Armee 1941. Auch damals hatten Kroaten und Slowenen den Kriegsdienst verweigert.

General Petrovic, mein Nachbar in Belgrad, damals Befehlshaber des Armeekorps Mitte, erzählte uns, dass er von seinen kroatischen und slowenischen Stabsoffizieren verhaftet und der vorrückenden deutschen Wehrmacht in der Nähe von Zagreb übergeben wurde. Kopfschüttelnd verschob der alte Herr auf einer Generalstabskarte noch immer Regimenter hin und her, die gar nicht existierten, da Kroaten und Slowenen dem Mobilisierungsbefehl aus Belgrad nicht gefolgt waren. Da er Jahre in deutscher Kriegsgefangenschaft verbracht hatte, hatte ihm das Titoregime eine Gnadenpension gewährt und ihm gestattet, weiterhin in seiner Villa in Belgrad zu leben. Die Familie des greisen königlich-jugoslawischen Generals Petrovic wirkte geradezu wie ein Abbild der Geschichte des geschüttelten südosteuropäischen Raumes. Gattin Milica stammte aus einer angesehenen Familie der serbischen Minderheit in einem Dorf am Donauknie oberhalb von Budapest. Ihr Vater war einflussreicher »Obergespann« (hoher Richter) in der K. K. Monarchie. Ihre in der Großfamilie in Belgrad mitlebende ältere Schwester, deren Mann im 1. Weltkrieg als Rittmeister der königlich-montenegrinischen Armee bei der Verteidigung des Berges Lovcen gegen die anstürmende K. K. Armee 1916 gefallen war, schwärmte in ihrem weichen wienerischen Deutsch von ihrer Rolle als junger Hofdame bei Kaiserin Elisabeth während deren Aufenthalten auf Schloss Gödöllö bei Budapest. Dass ein lebensgroßes Portrait des königlich-jugoslawischen Generals Petrovic mit vielen Orden, auch der Alliierten, im Treppenaufgang der verwohnten Villa prangte, gemahnte an Größenwahn und die nationalistischen Sünden, die nach dem Zerfall und Untergang der K. K. Vielvölkermonarchie begangen wurden. Anstatt mit einer föderalen Ordnung die so unterschiedlichen Völker im südslawischen Vielvölkerstaat gleichberechtigt im neuen Staatswesen zu beteiligen, zu befrieden, versuchte das serbische Königshaus mit einem serbisch dominierten »Jugoslawismus« den Mitwohnenden seinen Stempel aufzudrücken, was unweigerlich zum Zerfall und neuen Kriegen führen musste. Die vom königlichen und auch Tito-Jugoslawien gebrannten Slowenen und Kroaten gingen deshalb noch einen geschichtlichen Schritt weiter. Konsequenterweise stellten sie 1990/91 eigene, nationale Streitkräfte auf, die sich gegen den Zugriff der von Belgrad gesteuerten JVA zur Wehr setzten und ihre neue Freiheit und Unabhängigkeit von der SFR Jugoslawien erkämpften. Mit einiger Verzögerung folgten Mazedonier, Bosniaken, Albaner.

Das Belgrader Milosevic Regime und seine Generalität der Jugoslawischen Volksarmee konnten die blamable Niederlage in Slowenien nicht verwinden. Eine Hetzkampagne sondergleichen, vor allem gegen Deutschland, Österreich, den Vatikan und die USA, aber auch die EG, sollte die Schande überspielen. Das traditionell deutschfeindliche Blatt »Politik« und in seinem Gefolge die serbische Hauptstadtpresse steigerte sich in ungeahnte Spekulationen, denen zufolge sogar deutsche Spezialisten und Militärexperten das »Kommando bei Terroraktionen gegen die JVA« ausgeübt hätten. Die Angehörigen der so genannten 27. Brigade der slowenischen Territorialverteidigung seien laut »Politika« von 40 Spezialisten der deutschen Bundeswehr nach dem Vorbild des Regiments der Wehrmacht »Brandenburg« ausgebildet worden, das bereits im Januar vor nicht näher genannten »Gästen paradiert« hätte. Letztlich behauptete das einflussreiche Belgrader Blatt allen Ernstes, dass Panzerabwehrraketen vom Typ »Armbrust« und auch Flugabwehrraketen der Bundeswehr von den slowenischen Territorialverteidigern im Kampf gegen die JVA eingesetzt worden wären. Die Behauptung, dass Deutschland über seinen »verlängerten Arm Österreich« eine germanische Assimilierung via Slowenien und Kroatien nach dem Mittelmeer anstrebe, einschließlich der Bildung eines Groß-Albanien, um Jugoslawien zu zerstören« bildete der »Politika«-Weisheit letzten Schluss. Bei einer so hemmungslosen und hirnverbrannten Kampagne mussten alle Bemühungen der Europäischen Gemeinschaft, aber auch der UNO, um eine friedliche Beilegung des Konfliktes in Jugoslawien scheitern. »Wir haben eine Schlacht verloren, aber nicht den Krieg«, orakelte der serbische Generalstabschef der JVA, Adjic, womit er unverblümt eine Ausweitung der kriegerischen Handlungen im jugoslawischen Raum ankündigte.

VUKOVAR – DER ERSTE MASSENMORD

Die telefonische Einladung des jugoslawischen Verteidigungsministers zu einer Pressefahrt in die Stadt Vukovar an der Donau kam völlig überraschend. Sie war knapp 24 Stunden vorher von der Jugoslawischen Volksarmee erobert worden, nach offizieller Sprachregelung »befreit worden«. Rund 100 in- und ausländische Journalisten, darunter mehrere TV-Teams, folgten der Einladung. Erst nachdem die mehrmonatige Belagerung der Stadt durch serbische Freischärlerverbände keine greifbaren Erfolge gezeigt hatte, griff die JVA an und ließ ihre Maske fallen. Sie setzte ihre überlegene Bewaffnung gegen die mangelhaft bewaffneten kroatischen Verteidiger, vorwiegend Mitglieder der alarmierten Kroatischen Nationalgarde ein. Der serbische Präsident Slobodan Milosevic hatte die Parole ausgegeben: »Wo ein Serbe lebt, ist Serbien«, die der serbisch-nationalistische Schriftsteller Vuk Draskovic um den Zusatz »auch wo serbische Gräber sind« verschärfte. Dass der serbische Generalstabschef der JVA, Generaloberst Adjic, laut dem Belgrader Blatt »Politika« seine Soldaten mit dem Ruf »*Napred volovi!«* (Vorwärts, ihr Ochsen!) durch Syrmien antreiben musste, spricht nicht für besondere Kampfmoral, während Kriegsschiffe der Donauflotille den Strom unter Kontrolle hielten. Dem Monitor 308 wäre der Versuch, den tschechischen Frachter »Saras« aufzubringen, der Waffen für die in der Stadt eingeschlossenen Kroaten schmuggelte, beinahe zum Verhängnis geworden.

Der Monitor, der auf dem Strom ein gutes Ziel abgab, wurde vom kroatischen Ufer der Donau unter Feuer genommen und stark beschädigt. Nur mit Mühe konnte der Monitor 308 auf eine Sandbank auf dem serbischen Ufer der Donau in der Wojwodina gesetzt und so Schiff und Mannschaft mit Toten und Verwundeten gerettet werden. Die Donau und *Kopacki rit* grenzen das große Staatsrevier um das ehemals königliche Jagdgut Karadjordjevo ab, das auch der Nimrod Tito für Jagden, selbst die jährliche Jagd für das diplomatische Corps bevorzugte, schon wegen der geografischen Nähe zu dem knapp 80 Kilometer entfernten Belgrad. Aber auch für Treffen mit den kommunistischen Staatschefs von Ungarn und Rumänien, Janos Kadar und Nicolae Ceausescu, sowie mit KP-Parteiführern aus aller Welt, die nicht unbedingt der Öffentlichkeit präsentiert werden sollten. 1956 hatte Josip Broz Tito bei einem geheimen Blitzbesuch des sowjetischen Parteichefs Nikita Chrustchow und Premiers Mikojan seine Zustimmung zur Niederschlagung der Revolution in Ungarn durch sowjetische Truppen gegeben. Auch wichtige innenpolitische Entscheidungen fällte in Karadjodjewo Staatschef Tito mit seiner Generalität und Gauleitern, wie die Niederschlagung des »Kroatischen

Frühlings«, an dessen Spitze sein Lieblingsgeneral Franjo Tudjman stand.

Dass am gleichen Ort nach dem Zerfall Jugoslawiens drei Jahre später der Präsident der jungen Republik Kroatien, Franjo Tudjman, mit dem serbischen Präsidenten Slobodan Milosevic über die Aufteilung von Bosnien-Herzegowina beriet, was neben Groß-Serbien auch zu einem Groß-Kroatien führen sollte, mutet wie ein Treppenwitz der Geschichte an.

Die völlig zerschossene und noch brennende Stadt Vukovar bot uns eintreffenden Journalisten einen grauenvollen Anblick. Jedenfalls war es viel schlimmer, als wir nach den Berichten des kroatischen Rundfunkjournalisten Sinisa Glavasevic erwartet hatten, der seine letzten Meldungen aus dem Keller des städtischen Krankenhauses abgesetzt hatte, in das er wegen einer Verwundung eingeliefert worden war. Totes Vieh, aufgedunsene Kadaver in den mit Trümmern zerstörter Häuser übersäten Straßen und Gassen durften wir auf schmalen, gekennzeichneten Wegen überqueren, da Teile der Stadt vermint waren. Der historische Kern der Barockstadt, in der vor dem Krieg rund 50.000 Einwohner gelebt hatten – Kroaten, Serben, Ungarn – und das bis 1945 ein kulturelles Zentrum der Donauschwaben gewesen ist, war bis zu 80 Prozent zerstört. Hunderte von menschlichen Leichen lagen in den Gärten und Hausfluren der Häuser gegenüber dem Krankenhaus. Die Unglücklichen trugen teils weiße Krankenhaushemden, mit blutigen Verbänden und Pappschildchen an den Zehen, teils waren sie in Zivilkleidung oder verschmutzten Uniformen dem strömenden

Regen an dem unfreundlichen Novembertag schutzlos ausgesetzt. Sie konnten während der Kämpfe nicht bestattet werden. »Die alle wurden von kroatischen Ustaschis umgebracht«, behauptete der Presseoffizier der JVA, Oberst Gvero, sekundiert von einem Oberst Starcevic, die unterdessen alle vor dem UN-Tribunal in Den Haag gestehen. Niedere Offiziersdienstgrade und Dolmetscher versuchten in Einzelgesprächen ausländische Journalisten von der serbischen Wahrheit zu überzeugen und sie unter Druck zu setzen. Vor allem kurzfristig entsandte Reporter, die über die tatsächlichen Verhältnisse in diesem zu Kroatien gehörenden Landesteil kaum Bescheid wussten.

Einer von ihnen, Major Veselin Slivancanin, hinderte mit Gewalt Beobachter der EG und uns Journalisten, das Krankenhaus zu betreten, dessen Haupteingang von Soldaten der JVA bewacht wurde. »Das ist mein Land«, schrie er in die Kamera eines mitreisenden TV-Teams, während er im Belgrader Fernsehen die Einnahme der Stadt Vukovar mit den Worten kommentierte: »Vukovar ist dem Erdboden gleichgemacht, aber es ist frei!«

Der Korrespondent der »Süddeutschen Zeitung«, Carl Buchalla, und ich tauschten nach der Behauptung Oberst Gveros von der Ermordung der Toten beim Krankenhaus Vukovar die unbedachte Äußerung aus, dass die im Garten liegenden Toten in kroatischen Uniformen wohl Selbstmord begangen hätten, was den klein gewachsenen Offizier in Raserei versetzte. »Ich befehle Ihnen, die Wahrheit zu berichten«, brüllte er mit sich überschlagender Stimme, was um uns stehende Kollegen aller Nationen mit Murren und Gelächter quittierten. Wir waren Zeugen, wie die letzten Kranken und Verwundeten unter der Aufsicht von holländischen EG-Beobachtern mit Bussen in unbekannte Richtung abtransportiert wurden. Da es Omnibusse der Städtischen Verkehrsbetriebe Novi Sad waren, nahmen wir an, dass sie in Krankenhäuser in der Wojwodina verbracht wurden. Ob auch der kroatische Rundfunkjournalist Sinisa Glavasevic und sein Tonmann darunter waren, wussten wir nicht. Am 15. Dezember 1991, also drei Wochen nach der Tragödie von Vukovar, erklärte der Sprecher der Jugoslawischen Volksarmee, Mile Glumac, dass nach Sinisa und seinem Kollegen gesucht werde, er aber über keine anderen Informationen verfüge. Dutzende von Appellen von Menschenrechtsorganisationen, des PEN-Zentrums, des Kroatischen Journalistenverbandes um Aufklärung über das Schicksal der Patienten des Hospitals in Vukovar verhallten offenbar nicht ganz ungehört. Fieberhaft wurde versucht zu verschleiern.

Erst nach einem Jahr bestätigte ein Team von UN-Experten nach der Exhumierung und Autopsie von über 200 Leichen bei der *ovcara* (Schaffarm) die knapp zwei Kilometer vom Stadtrand von Vukovar entfernt liegt, auch den Tod der beiden Journalisten Sinisa Glavasevic und Branimir Bolowina. Sie waren von einem Hinrichtungskommando durch Genickschüsse liquidiert worden und das am gleichen Tage, da die Patienten vor unseren Augen und den der holländischen EG-Beobachter aus dem Krankenhaus abtransportiert worden waren. Die Ermordung zweier verhasster, kroatischer Journalisten, vor allem die Art und Weise, zwingt zu der Frage, ob Journalisten aus der Sicht von

Kriegsparteien Freiwild sind! Die Tatsache, dass sie vor den Augen ahnungsloser in- und ausländischer Kollegen zur Hinrichtungsstätte gekarrt wurden, deutet auf Absicht. Zwei journalistische Zeugen, die bis zuletzt über das Grauen des Krieges berichtet hatten, sollten mundtot gemacht werden. Dass so auch der Bus voll Auslandskorrespondenten in Vukovar und ganz allgemein die freie Presse eingeschüchtert und gewarnt werden sollte, ist nicht von der Hand zu weisen. Ob der Massenmord in der *ovcara* von Soldaten der JVA oder von serbischen Cetniks oder von Mitgliedern der Bande des berüchtigten Arkan-Raznatovic aus Belgrad verübt wurde, sollte in Den Haag geklärt werden. Möglicherweise auch durch andere Gerichtshöfe. Die Gewissenlosigkeit der Busfahrer, die die Schwerverwundeten und Kranken nicht über die nahe gelegene Brücke über die Donau in Krankenhäuser in die Wojwodina transportierten, sondern in entgegengesetzter Richtung zur Hinrichtungsstätte auf der Schaffarm, bleibt rätselhaft. Oder waren sie gar Komplizen ihrer Mörder? Ebenso ungeklärt ist das mangelhafte Pflichtbewusstsein der holländischen EG-Beobachter. Sie eilten in ihre warmen Hotelzimmer nach Belgrad zurück, anstatt sich um die Kranken zu sorgen, und überließen die Unglücklichen ihrem Schicksal. Dieses erste sorgfältig von der Jugo-Armee und Belgrad verschleierte Kriegsverbrechen hätte in Europa und den UN bereits Alarm auslösen müssen, um den sich ausbreitenden Krieg zu verhindern.

Unterdessen hat mit mehr als vierzehn Jahren Verspätung ein Militärgericht in Belgrad den Fall aufgegriffen, vor dem sich sieben Männer der so genannten Territorialverteidigung von Vukovar eingefunden haben. Sie werden des Mordes an ihren kroatischen Nachbarn in Vukovar beschuldigt. Was mag wohl diese serbischen Männer bewogen haben, ihre kroatischen Nachbarn, neben denen sie Jahrzehnte gelebt haben, auf so grausame Weise zu ermorden? Alle schieben die Verantwortung von sich und bekannten sich als nicht schuldig. Alle aber wurden irgendwo in Serbien, weit weg von Vukovar, aufgegriffen, wohin sie mit ihren Familien geflüchtet waren, was kaum für ihr sauberes Gewissen spricht. Belgrad, das den Internationalen Gerichtshof in Den Haag als »antiserbisches Instrument« beschimpft, scheint sich unter dem moralischen Druck der internationalen Öffentlichkeit letztlich doch entschlossen zu haben, Kriegsverbrechen vor eigenen Gerichten zu verfolgen. Den eigentlichen Grund für die makabre Pressefahrt unter der Regie des jugoslawischen Verteidigungsministeriums in Belgrad war die angebliche Ermordung von 40 serbischen Kindern in einem Vorort von Vukovar durch »kroatische Ustaschas«. Erst nach endlosen Ausreden und Hinhalten musste Oberst Gvero am Spätnachmittag während einer Pressekonferenz im zerschossenen Hotel Dunav einbekennen, dass er, wie er wörtlich sagte, »einer kapitalistischen Ente« aufgesessen sei. Ein serbischer Mitarbeiter des Korrespondentenbüros der angesehenen britischen Nachrichtenagentur Reuters in Belgrad hatte diese Meldung in die Welt gesetzt, die der Propagandamaschinerie der JVA und dem Milosevic Regime wie gerufen kam. Dass sich die JVA und das Belgrader Regime damit maßlos blamiert und ein Eigentor geschossen haben, da dann traditionell serbophile Medien wie britische, französische, amerikanische und russische Agenturen, Blätter, Rundfunk und Fernsehen auf Abstand gegangen sind, war eine logische Konsequenz. Daran kann ermessen werden, wie schwierig es für mich und andere westliche Journalisten war, die Spreu vom Weizen zu trennen und ausgewogene, objektive Informationen der Welt zu übermitteln.

Reuters dementierte tags darauf die Falschmeldung des Belgrader Büros und entschuldigte sich in aller Form. Das hinderte das auflagenstarke Belgrader Blatt »Politika« nicht, die dreiste Lüge von der angeblichen Ermordung von 40 serbischen Kindern weiterhin zu verbreiten und sogar zu behaupten, dass die ausländischen Korrespondenten vor dem Kindergarten in Vukovar die massakrierten Kinderleichen gesehen hätten. Die Reporter der »Politika« schilderten noch eine entsetzliche Szene: »Mehrere Tote mit gebrochenem Genick, mit Messerstichen im Gesicht, zerschmetterten Schädeln ...« Als Aufmacher der Ausgabe der »Politika« vom 22. November mit der Schlagzeile »Verbrechen vor den Augen der Welt« berichtete das Blatt weiter von mehr als »tausend Leichen von Menschen, deren Köpfe zerschlagen sind und deren innere Organe gestohlen wurden für den Bedarf ausländischer Kliniken«. Die krankhaften Phantastereien sensationshungriger Reporter dürften im Auftrag der Politik erfolgt sein, sind aber ein abschreckendes Beispiel für rückgratlosen Journalismus. Dass sie in dem führenden Blatt Serbiens für den inneren Gebrauch zur Irreführung der Bevölkerung bestimmt waren, steht außer Zweifel. Damit sollte letztlich die Aggression gegen Kroatien und die Zerstörung der Stadt Vukovar an der Donau gerechtfertigt werden und darüber hinaus die Mär vom geplanten »Genocid an den Serben« aufrechterhalten werden. Die Kriegsstimmung in der serbischen Bevölkerung wurde mit allen Mitteln angeheizt, ausgenommen vielleicht Sendungen westlicher Rundfunksender, wie etwa der Deutschen Welle in serbo-kroatischer Sprache, die ja kaum eine Möglichkeit hatte, den Wahrheitsgehalt der einheimischen Medien zu überprüfen. Der Manipulation waren so jedenfalls Tür und Tor weit geöffnet. Der von Reuters fristlos gefeuerte Erfinder der Falschmeldung wurde kurz darauf Leiter der außenpolitischen Agentur TANJUG. Auf meine Anfrage nach seiner Qualifikation wurde mir vom Direktor Saranovic der Nachrichtenagentur TANJUG beschieden, »er ist ein serbischer Patriot«. Das mag zwar den Tatsachen entsprochen haben, hatte mich aber zu einer noch vorsichtigeren Wertung von TANJUG-Meldungen gezwungen. Oberst Gvero, der Presseoffizier der JVA, ist später im Krieg in Bosnien-Herzegowina als Generaloberst, Stellvertreter des berüchtigten Kommandanten der jugoslawisch-serbischen Streitkräfte, General Mladic, geworden und als solcher wohl auch Mitwisser des Massakers von Srebrenica, wo 7.000 Moslems nach der Eroberung dieser UN-Enklave ermordet worden sind, auch dort mangels energischem Eingreifen einer holländischen UN-Einheit.

Einer der Drahtzieher der ethnischen Säuberungen und Gräuel an der kroatischen Zivilbevölkerung von Vukovar, der serbische Bürgermeister Slavko Dakmanovic, entzog sich der Gerechtigkeit durch Selbstmord durch Erhängen in seiner Zelle im Untersuchungsgefängnis in Den Haag. »Er hatte sich zwar rechtzeitig mit dem Rückzug der serbischen Freischärler und Einheiten der Jugoslawischen Volksarmee über die Donau in die Wojwodina abgesetzt, von wo er unter nicht geklärten Umständen – in Vukovar wird von Kopfgeldjägern gesprochen – wieder über die Grenze gelockt, überrumpelt und Agenten des Haager Tribunals übergeben worden war, erklärte uns augenzwinkernd Jahre später einer der wenigen Zivilisten, der das Inferno der Kämpfe in der Stadt Vukovar überlebt hatte. »Er hatte uns Monate lang schikaniert und viele kroatische Bürger eigenhändig aus der Stadt vertrieben«, fügte er noch unter Tränen hinzu. Obzwar Vukovar jetzt wieder kroatisches Hoheitsgebiet ist, scheint der Volkstumskampf in den Köpfen der Bürger noch weiterzuspuken.

Der Tod hat zwischen Nationen keinen Unterschied gemacht, auch nicht bei Journalisten. Bei den Kämpfen um Vukovar hat im Oktober 1991 Milan Zegarac, Korrespondent des Belgrader Blattes »Vecerni novosti«, sein Leben verloren. Über die näheren Umstände seines Todes ist nichts Näheres beim Serbischen Journalistenverband in Belgrad zu erfahren, wo noch nicht einmal eine Namensliste von journalistischen Opfern aufliegt. Seinerzeit wurde zu Ehren des Todes von Milan Zegarac ein Preis gestiftet und nach ihm benannt, der jährlich an Berichterstatter serbischer Medien verliehen wurde, die aus Krisengebieten berichteten. Mit dem verlorenen Krieg und dem Einzug friedlicherer Zeiten ist das Gedenken, der Zegarac-Preis und seine feierliche Verleihung in aller Stille entsorgt worden.

Mit dem sinnlosen Tod des 40-jährigen kroatischen Journalisten Zdenko Purgar in Borovo selo schließt sich der Kreis. Borovo selo ist der Vorort von Vukovar, wo angeblich 40 serbische Kinder ermordet wurden. Zdenko Purgar war Redakteur der Betriebszeitung »Borovo« in der gleichnamigen Fabrik für Gummi und Schuhe. Diese sozialistische Vorzeigefabrik beschäftigte vorwiegend serbische Bürger und sollte eine Art völkisches Gegengewicht zur kroatischen Stadt Vukovar bilden. Dass hier die nationalen Gegensätze besonders krass aufeinander prallten, war bekannt. In der Redaktionsarbeit spiegelten sich die Gegensätze vor allem während eines Generalstreiks der Arbeiterschaft unmittelbar vor Ausbruch des Krieges. Zdenko Purgar, der seine Familie noch rechtzeitig ins kroatische Hinterland verbringen konnte, soll von Cetniks gefoltert und am 25. November 1991 umgebracht worden sein.

War auch er in den Augen seiner Henker journalistisches Freiwild, das zum Schweigen gebracht werden sollte?

Mit 15-jähriger Verspätung hat ein Belgrader Gerichtshof 14 Mitglieder lokaler serbischer Milizen, die an der Ermordung von 200 Verschleppten aus dem Krankenhaus Vukovar beteiligt waren, zu Gefängnisstrafen von acht bis zwanzig Jahren verurteilt.

PSYCHIATER ALS AUFWIEGLER

ÄRZTE ALS VOLKSTRIBUNE

Die Aufstände der Serben in Kroatien, aber auch in Bosnien-Herzegowina, wurden nicht von Berufspolitikern, sondern von Psychiatern angezettelt und gesteuert. Von Jovan Raskovic in Kroatien und von dem Montenegriner Radovan Karadzic in Bosnien-Herzegowina – einem Modearzt in Sarajevo, der sich zum verschlagensten und blutigsten Volkstribun mauserte und über den noch ausführlicher zu berichten sein wird. Anstatt den leicht zu beeinflussenden und schnell erregbaren Serben Sedative zu verschreiben, verabreichten sie ihnen nationalistische und politische Aufputschmittel. Da die Serben in der aus Jugoslawien ausgeschorenen Republik Kroatien in deren neuer Verfassung nicht als »konstitutives Element«, sondern lediglich als Minderheit anerkannt wurden, putschten sie Anfang April 1991 gegen Zagreb. Noch während Jovan Raskovic als ihr Beauftragter mit dem kroatischen Präsidenten Franjo Tudjman über eine weitgehende Autonomie verhandelte, holte sich der Zahnarzt Mjilan Babic aus Knin

Rückendeckung bei dem serbischen Präsidenten Slobodan Milosevic in Belgrad, der in aller Stille die Fäden zog und nach dem Scheitern seines Projektes »Serboslawien« wenigstens die Schaffung eines Groß-Serbien anstrebte. Milosevic und seine Marionetten in der Krajina missbrauchten den anarchistischen Freiheitsdrang der einstigen Wehrbauern an der historischen K. K. Militärgrenze und Glaubensgrenze und spannte sie vor den großserbischen Karren. Der Zahnarzt Babic rekrutierte rund 30.000 serbische Freiwillige in der Lika und der Krajina, die von der Jugoslawischen Volksarmee ausgebildet und bewaffnet wurden. Der Kommandant der starken Garnison Knin, damals noch Oberst Ratko Mladic, stellte sich vorbehaltlos hinter die Interessen der serbischen Minderheit in Kroatien und unterstützte ihre terroristischen und später militärischen Aktionen mit den ihm unterstellten Verbänden der JVA. Aber auch der Zahnarzt Milan Babic, der wegen seines Aussehens den Spitznamen *babyface* trug, wurde alsbald von der Spitze der ausgerufenen »Republika Srpska Krajina« durch den noch radikaleren Milan Martic verdrängt: ein Polizist aus Knin, der sich flugs zum General und Präsidenten beförderte! Seine Spezialeinheiten, die sich vorwiegend aus Polizisten zusammensetzten und wegen ihrer Brutalität »Marticevci« genannt wurden, waren bald zum Schrecken der in dieser »Republik« lebenden Kroaten und anderer Nationalitäten geworden, die in aller Eile und mit allen Mitteln »ethnisch« gesäubert und vertrieben worden waren. Der neu kreierte Ausdruck lautete »*Ciscenje terena*« – Säuberung des Terrains! Zehntausende wurden unter Zurücklassen aller ihrer Habe aus ihren Häusern getrieben und in die Flucht geschlagen. Unzählige, vor allem ältere Menschen, hielten die Quälereien und Strapazen nicht durch. Erst mit der »Säuberung« des kroatischen Großdorfes Kijevo, das mitten im serbischen Siedlungsgebiet lag, erkannte Zagreb den Ernst der Lage und verkündete die allgemeine Mobilmachung. Alle genannten serbischen Funktionäre, Babic, Martic und die im Verlauf der Kriege in Kroatien und in Bosnien-Herzegowina zu trauriger Berühmtheit gelangten Radovan Karadzic und der zum Generaloberst avancierte Ratko Mladic, stehen auf der Fahndungsliste des UN-Tribunals in Den Haag, das sie schwerster Kriegsverbrechen beschuldigt. Zahnarzt Babic verbüßt bereits seine dreizehnjährige Freiheitsstrafe, während die anderen noch im Untergrund ihre »Freiheit« genießen. Der von den Radikalinskis ausgebootete Psychiater Jovan Raskovic verstarb unerwartet 1992 in Belgrad, wobei sich um seinen plötzlichen Tod Gerüchte ranken. Wie uns der seriös wirkende Professor Raskovic in einem Interview kurz vor seinem Ableben in Belgrad – übrigens in fließendem Deutsch – erklärt hatte, trat er für eine friedliche Lösung der Lage und der Probleme der serbischen Minderheit in Kroatien ein, erntete aber bei der kroatischen Regierung wenig Gegenliebe, die ihm leider auch wenig Entgegenkommen gezeigt hatte. Die Krise in der Krajina spitzte sich mit der so genannten »Baumrevolution« an den Plitwitzer Seen zu, die bis dahin der Weltöffentlichkeit nur von Karl May-Filmen bekannt waren, bis zum offenen, aber nicht erklärten Krieg. Das Territorium der »Republika Srpska Krajina«, welches serbische Milizen, Freischärler aus Serbien und die Jugoslawische Volksarmee nach

Westen auszuweiten trachteten, um so ein geschlossenes serbisches Siedlungsgebiet von Zadar an der kroatischen Adria bis Virovitica in Slawonien nahe der ungarischen Grenze zu sichern um es später an ein Groß-Serbien anzuschließen, wirkte wie ein Sperrriegel quer durch das ehemalige Jugoslawien. Sämtliche Verbindungen zu Europa – ob Schiene, Straße oder auch schiffbare Flüsse – wurden so unterbrochen, auch die wichtige Autobahn Zagreb-Belgrad, auf der sich im Frieden in den Ferienmonaten in Richtung Türkei und umgekehrt nach Mitteleuropa endlose Kolonnen von Gastarbeiterfahrzeugen und Urlauberautos wälzten, aber auch der gesamte Güterverkehr im jugoslawischen Raum selbst. Erst mit dem Eingreifen der UNO in den sich ausweitenden Konflikt und mit der Stationierung eines jordanischen Bataillons an den Grenzen des von den aufständischen Krajinaserben kontrollierten Gebietes – etwa 40 Kilometer Niemandsland – bahnte sich nach Jahren eine schrittweise Regelung an. Aus Richtung Zagreb kommend, musste ich mich an der für jeden Verkehr gesperrten Autobahn bei dem jordanischen Kontrollposten melden und mit einem Sonderausweis der UNPROFOR um Erlaubnis für die Durchfahrt durch den gefährlichen Korridor bitten.

Hier hatte ich eine der seltenen heiteren Erlebnisse. Ich trug eine Baseballmütze mit viel Gold und der gestickten Aufschrift *captain*, was der kontrollierende Soldat zu meiner Verblüffung als Dienstgrad auffasste, die Wache aus dem Zelt herausrief und antreten ließ. Ein herbeigerufener jordanischer Sergeant, der ebenfalls zackig salutierte, machte mich in holprigem Englisch und vielen Gesten, wie Bum-

Bum und Halsabschneiden auf lauernde Gefahren aufmerksam. Schließlich lotste er auf Weisung eines Offiziers mit einem Stöckchen nach britischer Art unter dem Arm unseren Wagen – meine Frau fuhr unbeirrt tapfer mit – hinter einem Panzerspähwagen über die leer gefegte Autobahn an Hausruinen und hinter Bäumen aufmerksam lauernden Scharfschützen, von Panzern niedergewalzten Begrenzungen zum anderen Ende des Korridors bei Okucani, einem Zentrum naiver Maler in Kroatien, wo ich mich bedankte und die Fahrt nach Belgrad auf der Autobahn der »Brüderlichkeit und Einheit« fortsetzte. Da ich einen weißen BMW fuhr, war es durchaus möglich, dass dieser für ein offizielles Fahrzeug der UN-Beobachtermission gehalten wurde, die im Volksmund wegen ihrer weißen Autos und Kleidung »Eismänner« genannt wurden. An der gleichen Stelle musste Jahre später der serbische Ministerpräsident Milan Panic, der es in den USA als Pharmafabrikant zu großem Ansehen gebracht hatte, mit einem Bus voll Journalisten und TV-Teams unverrichteter Dinge umkehren.

Krajina-Serben hatten die Autobahn mit Landmaschinen blockiert und so den Versuch Panics, während eines der vielen Waffenstillstände die Autobahn symbolisch wieder zu öffnen, einen Riegel vorgeschoben. Am Kontrollpunkt der UN aus Richtung Zagreb warteten Busse mit UN-Beobachtern, Politikern und Journalisten vergeblich auf den Bus aus Belgrad. Darunter mein Sohn Günther, der als DPA-Korrespondent in Zagreb stationiert war. Neben dem politisch wichtigen Akt ist so ein Familientreffen ins Wasser gefallen, wie es auch unzähligen Serben, Kroaten und Moslems in den Kriegswirren erging, die getrennt waren und vielleicht nur auf dem großen Umweg über Ungarn nach Kroatien beziehungsweise Serbien reisen konnten. Durch die von den Serben kontrollierten Gebiete der von Radovan Karadzic ausgerufenen »Republik Srpska Bosna« in Bosnien-Herzegowina genügte der UNPROFOR-Ausweis akkreditierter Journalisten nicht. In Serbien und in Montenegro hatte diese »Republik« eigene Vertretungen etabliert, die für teures Geld, natürlich nur Devisen, Besuchs- beziehungsweise Durchreisevisa ausstellten. Der damals 46-jährige Nervenarzt Radovan Karadzic, dem unzählige amouröse Affären – ob nun echte oder erdachte – in Sarajevo nachgesagt wurden, mutierte vom beliebten Seelenklempner zu aller Überraschung zum brutalsten Kriegsherren auf dem Balkan. Als »Führer« der bosnischen Serben stand der skrupellose Diktator hinlänglich bekannten Figuren in der Geschichte nicht nach. Im Gegenteil verstand er es neben allen politischen Funktionen, wie Präsident, Oberbefehlshaber seiner Streitkräfte und Parteichef der SDS – Srpska Demokratska Partija –, alle Geschäftszweige in der »Republika Srpska Bosna« zu kontrollieren, einschließlich öffentlicher Dienste wie Post, Fernsehen, Rundfunk, Verkehrsbetriebe und den Mineralölhandel, vom einträglichem Schmuggel zu schweigen. Hunderte von Millionen lenkte er in seine eigenen und die Taschen seines Klans. Die enormen Summen ermöglichten es ihm, seine Privatarmee und *bodygards* zu finanzieren und so dank eines eigenen Spionagedienstes den in Bosnien-Herzegowina stationierten SFOR-Truppen durch die Lappen zu gehen. Wieso die SFOR-Soldaten vor Karadzic stramm salutierten, obwohl schon im

Februar 1996 von Den Haag der erste Haftbefehl ausgegeben worden war, bleibt schleierhaft. Inwieweit nicht verstummende Gerüchte ernst zu nehmen sind, dass die in Sarajevo wechselnden Hochkommissare und Kommandanten der SFOR-Truppen, etwa 30.000 bis 50.000 bestens bewaffnete Soldaten, an einer Festnahme Karadzics aus politischen Gründen gar nicht interessiert waren, da er hochgestellte Politiker der westlichen Welt bloßstellen könnte, ist kaum überprüfbar. Fest steht, dass Radovan Karadzic und sein General Mladic von bevorstehenden Aktionen, sie festzunehmen, immer rechtzeitig gewarnt wurden und so der Gerechtigkeit entkommen konnten, etwa dem Zugriff französischer Fremdenlegionäre im Juli 1996 in seiner Villa im »Hauptdorf« Pale in der »Republika Srpska Bosna«, das knapp 20 Kilometer von Sarajevo entfernt liegt. Eine weitere ernst zu nehmende Aktion der Blauhelme im Mai 2002 nahe der montenegrinischen Grenze schlug fehl, da ein französischer Offizier den Zeitplan verriet. Die Verurteilung eines französischen Offiziers wegen Hochverrates, der aus dem NATO-Hauptquartier Aviano in Italien Belgrad und das Milosevic Regime über Bombenziele der NATO-Luftflotte während des Krieges im Kosovo 1998 informierte, könnte des Rätsels Lösung sein – er hatte vordem im SFOR-Kommandostab in Bosnien gedient. Der Major war serbischer Abstammung, Sohn eines königlich serbischen Offiziers, der vor dem Tito Regime aus Jugoslawien geflüchtet und in Frankreich Asyl gefunden hatte. Serbisches Blut ist dicker als die Loyalität zur neuen, französischen Heimat! Ein weitverzweigtes Netzwerk von Sympathisanten deckt Kradjic weiterhin, der sich in den schwer zugänglichen Gebirgszügen im Osten Bosniens verborgen halten soll. Trotz eines vom Haager Tribunal ausgelobten Kopfgeldes von fünf Millionen US-Dollar wird er von der serbischen Bevölkerung nicht nur unterstützt und versteckt, vielmehr als serbischer Patriot verehrt. Sein Foto ziert in der guten Stube serbischer Bauern, die in die Häuser vertriebener Moslems eingewiesen wurden, das Ikoneneck. Auch von der orthodoxen Kirche Serbiens, die ihm in einem Kloster Unterschlupf gewährt hat, wird er gedeckt. Karadzic wechselt häufig nach Serbien, was auch in dem Prozess gegen die Mörder des Ministerpräsidenten Z. Djindjic hineinspielt!? Die in Belgrad jetzt Regierenden bestreiten, dass Radovan Karadzic, aber auch sein General Ratko Mladic, in Serbien ein- und ausgehen würden. Der ultranationalistische Ministerpräsident V. Kostunica verwehrt sich heftig gegen solche »Unterstellungen«, wogegen es der Präsident von Serbien-Montenegro Tadic erst im August 2004 bestätigte.

Wieso Gedichte und Kinderbücher von Radovan Karadzic in Belgrader Buchhandlungen ausliegen, ist ebenso rätselhaft. Sie werden in einem kleinen Verlag in der Hauptstadt der »Republika Srpska Bosna«, Banjaluka, verlegt. Karadzic ist so nach wie vor allgegenwärtig und führt den Internationalen Gerichtshof in Den Haag ebenso an der Nase herum wie die gesamte westliche Welt, was letztlich eine Friedensfindung und Normalisierung im südslawischen Raum verhindert, offenbar mit Hilfe und Wissen höchster Offiziere der Jugoslawischen Armee im Reststaat Serbien-Montenegro. Außenminister Vuk Draskovic, Chef der »Serbischen Erneuerungsbewegung« (SPO), beschuldigt die Armee, »Kriegsverbrecher in geheimen Anlagen zu verbergen«. Darüber hinaus, seinen Premierminister, Vojislav Kostunica, die steckbrieflich gesuchten »Generäle Milosevics« nicht an das Kriegsverbrechertribunal ausliefern zu wollen. Die Aufsehen erregende Polemik lösten angebliche »Selbstmorde« junger Soldaten aus, deren Aufklärung von Untersuchungskommissionen der Armee systematisch verschleppt werden. In der öffentlichen Meinung haben sie »zuviel gesehen« und wurden deshalb umgebracht. Gesuchte Kriegsverbrecher, wie die Generäle Ratko Mladic, Nebojsa Pavlovic, Veselin Sljivancanin, Vladimir Lazarevic und weitere dreizehn hohe Offiziere, sollen sich unter anderem in geheimen Bunkern der Gardekaserne Topcider unterhalb des Weißen Schlosses in Belgrad verborgen gehalten haben. Allgemein wird von einer »Generalsmafia« gesprochen, die für die Morde an den jungen Soldaten verantwortlich wäre. Die Anschuldigungen des amtierenden Außenministers und Schriftstellers Vuk Draskovic, der vor Jahren mit seinem Roman »Noz« (Das Messer) ein blutiges, nationales Bekenntnis abgelegt hatte, decken die tiefe Spaltung in der serbischen Gesellschaft auf. Seine Partei SPO forderte wehrpflichtige junge Serben sogar auf, den »Wehrdienst zu verweigern«, was bei der tiefen historischen Verwurzelung der Wehrhaftigkeit und Wehrpflicht im serbischen Volk geradezu einer Gotteslästerung gleichkommt. Der temperamentvolle Vuk Draskovic, der sich vom Saulus zum Paulus gewandelt hat, fürchtet, dass das »verbrecherische Regime« von Milosevic wieder auflebt und Serbien so in internationale Acht und Isolation gerät.

Gleichzeitig aber fordert er im Jahre 2005 internationale Garantien für die Republik Serbien-Montenegro in ihren »gegenwärtigen Grenzen«, also einschließlich des UN-Protektorats Kosovo. Dem soll »mehr als Autonomie« gewährt werden, aber keine Abspaltung von Serbien erlaubt werden, geschweige eine staatliche Selbstständigkeit, was die Kosovo-Albaner fordern. Dass die »Grenzen der Republik Serbien-Montenegro zwar durchlässig wie im Schengenraum sein sollen, aber von serbischer Polizei beziehungsweise Grenz- und Finanzbeamten gesichert werden sollten, läuft auf die alte Forderung Belgrads nach Stationierung von Polizeieinheiten hinaus, vielleicht auch Militärs im Kosovo, sozusagen durch die Hintertür mit Sanktus der EU! Mit anderen Worten, eine neue Variante Vuk Drasskovics, die die Provinz Kosovo nach der verlorenen kriegerischen Invasion Milosevics wieder fester an Serbien binden sollte.

## KROATIEN VERNICHTEND SCHLAGEN

forderte der Viersternegeneral und Verteidigungsminister Velko Kadijevic. Er hatte zwar den Abfall Sloweniens akzeptieren müssen und die Truppen der JVA von dort abgezogen, mit dem Abfall und der staatlichen Selbstständigkeit der Teilrepublik Kroatien wollte sich indes Kadijevic, dessen Frau Kroatin war, nicht abfinden. Mit einer großangelegten Zangenoperation – im Süden von Montenegro entlang der Adriaküste, im Mittelabschnitt von Knin und der so genannten »Republik Srpska Krajina«, sowie im Norden von der Wojwodina aus – sollte ein Blitzkrieg der JVA Kroatien in die Knie zwingen. Dreizehn Brigaden sollten laut Kadijevic den Stoß durch Slawonien gegen Zagreb führen, die kroatische Hauptstadt einkesseln und zur bedingungslosen Kapitulation zwingen. Belgrad brachte aber nur anderthalb Brigaden nach der Einnahme der Stadt Vukovar an der Donau auf die Beine. Zentralserbien, das in den Balkankriegen und im 1. Weltkrieg die besten Regimenter gestellt hatte, verweigerte die Mobilmachung. Die entlang der ungarischen Grenze vordringenden Einheiten der JVA und serbische »Freiwilligenverbände« vermochten noch nicht einmal Garnisonen und Kasernen der JVA zu entsetzen, die von der Kroatischen Nationalgarde eingekreist worden waren. Damit waren auch die im Frieden dort angelegten Waffen- und Ausrüstungslager der JVA nicht verfügbar. Auch der vom Chef der Serbischen Erneuerungsbewegung geforderte »Genocid an den Kroaten« blieb – zum Glück für alle – ein Spuk. General Kadijevic, dem militärischen Kopf der Aggression gegen Kroatien, bleibt eine Anklage vor dem Haager Gerichtshof erspart, da er bereits 1992 demissionierte. Aggressionen können straflos geplant und in Gang gesetzt werden, das scheint die Logik des Haager Gerichtshofes zu sein. Wieso der Ruf nach einem gemeinsamen Staat der Südslawen, der im 19. Jahrhundert von Kroaten ausgegangen war, nach einem historisch so kurzen Zeitraum in Hass zwischen Serben und Kroaten umgeschlagen ist, wird von Historikern noch geklärt werden müssen.

»Das Loch im Notizblock«, titelte die »Süddeutsche Zeitung« den Artikel, in dem der gewaltsame Tod ihres Korrespondenten Egon Scotland (43) am 26. Juli 1991 während der Kämpfe im kroatisch-serbischen Grenzgebiet nachempfunden wird. »Die serbischen Cetniks in Kroatien waren es, die auf Scotland auf der schnurgeraden Hauptstraße im Dorf Jukanac schossen und ihn trafen«, heißt es im Nachruf der SZ. Nach der Rückeroberung der Lika durch die Kroatische Armee, die der vormalige Luftwaffengeneral der JVA, Tus, aus dem Boden gestampft hatte, bestätigten Augenzeugen den Hergang der schrecklichen Tat. Der das Fahrzeug von Scotland chauffierende Kollege, Peter Wüst, gab über den Mord zu Protokoll, dass sie keineswegs fahrlässig in das Kampfgebiet gefahren wären, vielmehr von der kroatischen Polizei an der letzten Kontrollstelle informiert wurden, dass das Dorf Jukanac bei Glina feindfrei wäre. »Als plötzlich Kugeln die Frontscheibe unseres Wagens durchlöcherten, kehrten wir sofort um«, erklärte Wüst, der nach einiger Zeit eine leicht blutende Wunde an der Innenseite des Schenkels von Scotland bemerkte. Tatsächlich hatte die Kugel die Bauchschlagader aufgerissen, so dass Scotland kurz nach seiner Einlieferung in das Krankenhaus der kroatischen Stadt Sisak an inneren Blutungen verstarb. Jede Hilfe kam zu spät. Die Untersuchungen über den Hergang des Geschehens konnten erst fünf Jahre später nach der Rückeroberung der Krajina durch die Operationen »Oluja« (Sturm) im August 1995 und »Bljesak« (Blitz) geklärt werden. Der vertriebene und zurückgekehrte Nachbar des Hauses 84, vor dem der deutsche Journalist den Tod fand, erklärte, dass aus der Deckung eines Panzers der JVA Scharfschützen »auf alles geschossen haben, was sich bewegte«. Auch auf einen durch Kopfschuss getöteten Buben und einen Rot-Kreuz-Wagen. Die serbischen Cetniks in dieser Gegend standen unter dem Kommando von »Kapitän Dragan«, mit zivilen Namen Dragan Vasiljkovic, der aus Ostserbien stammte. Dieser hatte entsprechend seiner Erklärung erst Tage später von dem Tod eines Journalisten erfahren, versuchte aber die Schuld auf die kroatischen Verteidiger von Jukinac abzuwälzen, das eine »schwer befestigte Militärbasis der Kroaten« gewesen wäre. »Dass dies eine Lüge ist, wissen wir aus erster Hand«, heißt es hierzu in der SZ, und weiter:

»Die Geschosse, die bei der Untersuchung des Autos der beiden Journalisten und bei der Obduktion Egon Scotlands gefunden wurden, haben das Kaliber 7,9 mm und sie wurden gemäß ballistischen Untersuchungen aus einem Scharfschützengewehr vom Typ M 69 oder M 79 aus jugoslawischer Produktion abgefeuert.« Sie gehörten zur Standardausrüstung der Jugoslawischen Volksarmee. Die Kugel, die Scotland tötete, durchschlug den rechten Scheinwerfer des Autos und riss ein Loch in den Notizblock, den Egon Scotland auf dem Schoß hielt – der Tod schrieb mit!

Die Lika, ein Teil der Krajina, zählte zu der vormaligen K. K. Militärgrenze, entlang der die Wiener Kaiser im Laufe der Jahrhunderte orthodoxe Serben ansiedelten, die aus dem osmanischen Herrschaftsbereich auf den Balkan flüchteten und hier als freie Wehrbauern angesiedelt worden waren. Sie genossen manche Privilegien, waren bewaffnet und als Grenzer mit lebenslanger Dienstpflicht zum Schutze der Reichsgrenzen Wien direkt unterstellt. Der erste große Treck kam um das Jahr 1690. Mehr als 40.000 serbische Familien verließen damals unter der Führung des Patriarchen Arsenije Crnojevic vor den angreifenden Türken Südserbien und den Kosovo. Sie wurden nördlich des Flusses Save in Syrmien und in der Wojwodina angesiedelt. Der Patriarch der Serbisch-orthodoxen Kirche stellte sich unter den Schutz der Wiener Kaiser und verlegte seinen Sitz aus Pec im Kosovo nach Karlowitz, heute Sremski Karlovci, an der Donau. Den Serben wurde von den streng katholischen Habsburgern Glaubensfreiheit zugestanden. Erst nach dem Zusammenbruch der österreichisch-ungarischen Monarchie verlegte das Patriarchat seinen Sitz nach Belgrad. Die Serbisch-orthodoxe Kirche hat bis heute prägenden und nachhaltigen Einfluss auf das serbische Nationalbewusstsein. Serben aus der Lika und anderen Landschaften entlang der Militärgrenze, die bis Siebenbürgen reichte, erreichten in der K. K. Armee höchste militärische Dienstgrade, in der Verwaltung ebenso höchste Funktionen und galten als besonders stolz und kampfwillig, was sie letztlich durch ihren Aufstand gegen die Republik Kroatien wieder unter Beweis stellten. Auch die Gattin des jugoslawischen Staats- und Parteichefs Josip Broz Tito, Jovanka Budisavljevic, stammt aus der Lika.

Dass EGON SCOTLAND erkannte oder zumindest ahnte und fürchtete, wie auch andere Berichterstatter vor Ort, in welcher Gefahrenzone er sich bewegte und aus welcher er berichtete, spiegeln seine letzten in der SZ veröffentlichten Reportagen. So zitiert er den ersten nichtkommunistischen Bürgermeister seit 1945 in der größten slawonischen Stadt Osijek (ungarisch Esseg): »Die Leute spinnen, was wir hier sehen, ist das Ergebnis selbstmörderischer Politik zu niemandes Gunsten«, und ist sicher, dass »diese Politik des serbischen Präsidenten Slobodan Milosevic in Belgrad die schlechtesten Elemente des Kommunismus mit großserbischem Chauvinismus, von ganz links und ganz rechts, ganz widersinnig verbindet«. In einem Dorf namens Tenja bei Osijek raten Scotland und anderen Journalisten kroatische Polizisten auf alle vier Autoflanken groß »Presse« zu schreiben und womöglich noch eine weiße Fahne zu hissen. »Keinesfalls Photos, sonst wird geschossen«, wird ihm beim Stab der kroatischen Gardisten geraten.

Auf serbischer Seite des geteilten Dorfes empfängt ihn und seine Begleiter unter einem Tito-Porträt ein junger »Verantwortlicher für Informationen«, der befragt, vorgibt, für eine »serbische Wiederstandsbewegung« zu sprechen: »Es ist hier eine Situation wie im 2. Weltkrieg«, ergänzt er drohend. Tatsächlich tragen die Serben Kokarden an den Mützen, wie zu Zeiten des Bürgerkrieges in den vierziger Jahren. Ein Kreuz in Gold, viermal mit dem kyrillischen Buchstaben S – *Samo Sloga Srbina spasava* – Nur Eintracht rettet die Serben – versehen, Zeichen und Slogan der serbischen Cetniks. Treffend trägt dieser letzte Bericht Scotlands die Überschrift: »Ein Dorf, das Todfeinde als Nachbarn hat.«

Das galt auch für das Dorf Dalj bei Osijek (Esseg), wie ja die Bevölkerung in den Grenzgebieten Syrmiens und der Batschka ethnisch gemischt war. So genannte Kolonisten, vorwiegend Serben und Montenegriner, aber auch Roma und Sinti, die nach dem 2. Weltkrieg in den Dörfern und Höfen der vertriebenen Donauschwaben angesiedelt worden waren, als Lohn für ihre Kriegsdienste auf Seiten der Tito-Partisanen, erwiesen sich als extrem nationalistisch. Mit der alteingesessenen, kroatischen Mehrheitsbevölkerung scheinen sie selbst nach 40 Jahren im Staat Jugoslawien keine Gemeinsamkeiten entwickelt zu haben. Im Gegenteil waren ihre serbischen Wurzeln stärker und sie machten schnell gemeinsame Sache mit den vorstoßenden Verbänden der Cetniks gegen ihre kroatischen Nachbarn, die in das Dorf Dalj am 1. August 1991 eingefallen waren. Dort war eines der ersten Opfer der kroatische Journalist STJEPAN PENIC. Von Beruf ursprünglich Lehrer, wurde er Redakteur des Provinzblattes »Glas Slavonije« (Die Stimme Slawoniens) und Verantwortlicher der Betriebszeitschrift »Opeka«. Auch im Lokalsender Radio Vukovar war er tätig. Seine Bemühungen zwischen den verfeindeten Volksgruppen, serbischen Cetniks und Einheiten der Jugoslawischen Volksarmee zu vermitteln, scheinen ihm zum Verhängnis geworden zu sein.

In seinem elterlichen Hof wurde er während des siegreichen Vormarsches von Kämpfern misshandelt und eine Woche lang in einem »Gefängnis« eingesperrt. Nach seiner Entlassung holten ihn abermals zwei serbische Nachbarn und führten ihn in unbekannter Richtung ab. Augenzeugen berichteten später, dass der 53-jährige Stjepan Penic in der Nähe des Friedhofes erschlagen und sein Leichnam verbrannt worden sei. Ein ähnlich tragisches Schicksal wiederfuhr dem Kameramann des Kroatischen Fernsehens, GORDAN LEDERER. Gemäß Recherchen des Kroatischen Journalistenverbandes wurde er am 9. August in der Nähe des Städtchens Hrvatska Kostajnica schwer verwundet. Während Aufnahmen bei der Vertreibung der Zivilbevölkerung traf ihn die Kugel eines Scharfschützen. »Er war kein Soldat und als Zivilist klar zu erkennen – es wurde in die Kamera geschossen, um Beweise vom grauenvollen Krieg zu verhindern und das während einer vereinbarten Feuerpause«, heißt es in dem Bericht des KJVO. Der kommandierende General der JVA, Raseta, lehnte es ab, den schwer verwundeten LEDERER mit einem Hubschrauber aus dem Kampfgebiet in ein Krankenhaus ausfliegen zu lassen.

Die Kämpfe in diesem Raum müssen mit unglaublicher Härte

und Rücksichtslosigkeit geführt worden sein. Dafür zeugt der Tod des Technikers von RTV Zagreb, DJURO PODBOJ. Er war beim Sender Belje in der Baranja tätig. Einem Sender, der in der Nähe des großen Staatsgutes Belje stand, wo Josip Broz Tito häufiger Gast in den ausgedehnten Jagdrevieren war, was im Jugoslawischen Fernsehen oft zu sehen war. PODBOJ war im Sender, als es zu bewaffneten Zusammenstößen mit Soldaten der JVA und Cetniks kam. Der starke Sender, der in der flachen Landschaft der Baranja eine wichtige Informationsquelle war, war wie alle Fernseh- und Rundfunkanlagen ein begehrtes Objekt. Jugoslawische Militärs und Cetniks sollen diesen nach kurzem Kampf übernommen und demontiert haben. Vom Tod des Technikers DJURO PODBOJ am 23. August 91 erfuhr die Öffentlichkeit erst eine Woche später, ohne dass Näheres über die Umstände seines Todes bekannt gegeben wurde und auch nicht später verlautete.

Sender und Sendeanlagen waren auch weitab vom eigentlichen Kampfgebiet bevorzugte Ziele, auch der jugoslawischen Luftwaffe. Am 15. Juni 1991 erhielt der Cheftechniker von Radio Rijeka den Auftrag, die Sendeanlagen in der Nähe von Gospic nach Zagreb zu übersiedeln. NIKOLA STOJANAC eilte auftragsgemäß mit seiner Equipe von Technikern, trotz aller drohenden Gefahren, zum Städtchen Gospic und begann dort mit der Demontierung der Anlagen. Ein Team war gleichzeitig dabei, Aufnahmen für das Fernsehen vom Angriff serbischer Cetniks und Einheiten der JVA auf das Städtchen zu drehen. Um eine bessere Sicht auf das Geschehen zu haben, begab sich das Team nach Podostra, einem Steinbruch nahe Gospic, wo sie von

Kampfflugzeugen der Jugoarmee entdeckt und sofort angegriffen wurden. Auch ihre Flucht aus dem Fahrzeug, das deutlich, die Aufschrift PRESS trug, rettete sie nicht. In einer Garbe, die aus den Kampfflugzeugen abgefeuert wurde, fand der Cheftechniker NIKOLA STOJANAC den Tod.

Was denkt so ein Schütze, was geht in seinem Kopf vor, wenn er auf einen unbewaffneten Fremden zielt, schießt und trifft? Was will er, was bezweckt er? Ist es nur der Drang zu töten? Ist er zufrieden, vielleicht sogar stolz, einen Journalisten gekillt zu haben? Oder handelte er nur auf Befehl? Die sich häufenden, tödlichen Attacken auf Journalisten während der Kriege im jugoslawischen Raum, aber auch das feindselige Verhalten und Auftreten von Offizieren der Jugoslawischen Volksarmee, noch mehr so genannter »freiwilligen Verbände«, oder wie sie sich auch immer genannt haben, bestärkten den Verdacht gezielten Terrors gegen Vertreter der Medien! Sie sollten mit allen Mitteln mundtot gemacht werden.

WIR KÖNNEN UNSERE KOLLEGEN
BISHER NICHT BEGRABEN


Zwei russische Journalisten erlitten im serbisch-kroatischen Krieg während der Ausübung ihres Berufes wohl das grausamste Schicksal. Viktor Nogin und Genadin Kurenaj vom Moskauer Fernsehen waren zwei umgängliche, fröhliche Kollegen, die erst Anfang des Jahres 1991 nach Belgrad entsandt worden waren. Auch ihre Familien waren mitgekommen. Beide hatten sich im Internationalen Pressezentrum Belgrad schnell eingelebt und waren auch im Verband der Auslandspresse gern gesehen. Beide beherrschten die Landessprache Serbo-kroatisch perfekt, da sie als Stipendiaten zwei Jahre an der Fernsehakademie in Zagreb studiert hatten. Dass ihnen die Sprachkenntnisse des Gastlandes zum Verhängnis wurden, die üblicherweise für Korrespondenten von Vorteil waren, da sie nicht auf Dolmetscher oder Übersetzer angewiesen waren, klingt wie Hohn.

Viktor Nogin und Genadij Kurenaj fuhren am 1. September 1991 mit ihren grauen Opel-Dienstwagen von Belgrad in Richtung Zagreb ab, wo sie allerdings nie eintrafen. Auf der Motorhaube und an den Seiten des Fahrzeuges war in Großbuchstaben TV aufgezeichnet, was schon von weitem gut zu erkennen war. Der Wagen trug überdies die Kennzeichen der Sowjetischen Botschaft in Belgrad 10 – A – 155 in gelber Farbe auf schwarzem Grund und bei der Kennziffer 10 wusste jeder, dass es sich um ein Diplomatenkennzeichen der Sowjets handelte. In der Nähe der Ortschaft Petrinja, im serbisch kontrollierten Gebiet der Krajina, wurde der Wagen plötzlich beschossen. Nogin wurde hierbei verwundet, konnte sich aber mit seinem Kollegen aus dem Fahrzeug befreien und den Schützen, die den Wagen unterdessen umstellt hatten, erklären, dass sie russische Journalisten wären. Im übrigen dürften sie den Heckenschützen in der Polizeiuniform der Krajinaserben bekannt gewesen sein, da sie schon vordem im August mehrere Male aus dem Kampfgebiet mit Genehmigung der dortigen serbischen Behörden berichtet und ihre TV-Filme teils auch dem Belgrader Fernsehen zur Verfügung gestellt hatten, das diese als Beispiele für die tapfere Haltung der aufständischen Krajinaserben gegen Kroatien ausstrahlte. Dass sich Nogin und Kurenaj auf die traditionelle Freundschaft der Russen zu den Serben beriefen und auch auf die Tatsache verwiesen, dass Moskau die Politik Belgrads unterstütze, nützte ihnen nichts. Sie wurden von den »Marticevci«, wie die Polizisten in der Krajina nach ihrem selbsternannten Präsidenten M. Marticevci, einem Polizisten, genannt wurden, auf das Schwerste misshandelt, zusammengeschlagen, und als sie auf dem Asphalt lagen, mit Genickschüssen ermordet. Die johlenden und möglicherweise betrunkenen »Marticevci« sollen den russischen Journalisten die Köpfe abgeschlagen und mit diesen Fußball gespielt haben, behaupteten Jahre später Augenzeugen, die die unmenschlichen Handlungen von weitem beobachten konnten. Zum Verhängnis dürfte den russischen Kollegen ihre Zagreber Aussprache geworden sein, in welcher Stadt sie als Stipendiaten Studentenjahre verbracht hatten. Wurden sie deshalb von den »Marticevci« als kroatische Spione verdächtigt? Das sind Vermutungen und Spekulationen, die nach Befragungen und Untersuchungen des Mordgeschehens von sowjetischer Seite laut geworden waren. In der Moskauer Zeitschrift »Komersant« schrieb Sergej Grizunow, der als Korrespondent der sowjetischen Agentur ITARTAS im Jahre 1991 in Belgrad akkreditiert gewesen ist und nach seiner Rückkehr nach Moskau zum stellvertretenden Informationsminister Russlands berufen worden war, dass er schon wenige Tage nach dem Verschwinden von Nogin und Kurenaj Recherchen aufgenommen hatte, während offizielle Untersuchung bedeutend später einsetzten. »Im Lager für Kriegsgefangene in der Ortschaft Mangacam entdeckten wir kroatische Milizangehörige, die als Letzte oder, die Mörder ausgenommen, als Vorletzte unsere Jungs lebend gesehen hatten«, heißt es in dem Bericht. Sie bestätigten, dass die beiden russischen Journalisten, Warnungen außer Acht lassend, in Richtung Petrinja weiterfuhren. Gemäß den Worten eines kroatischen Milizionärs saß der größere der beiden Kollegen hinter dem Steuer, also Viktor, der einen Kopf größer und 25 kg schwerer war. Wenige Kilometer von Kostajnica entfernt waren auf dem Asphalt eine deutliche Ölspur und Spuren des verbrannten Opel, Reste des Benzintanks und Dichtungen auffindbar. Es war auch zu erkennen, dass der Wagen von der Straße weggeschoben wurde. Ebenso Reste von verbrannten Autoreifen. Die Leichen der ermordeten Journalisten sind bis heute nicht gefunden worden. Untersuchungen wurden später von anderen Dienststellen fortgesetzt: vom sowjetischen Innenministerium, dem Auslandsgeheimdienst, der Staatsanwaltschaft aus Moskau. Auch die serbische und die kroatische Polizei schaltete sich ein, allerdings mit unterschiedlichen Anstrengungen und Ergebnissen. Im kroatischen Innenministerium liegen Bände, jeweils bis zu 500 Seiten, Expertisen, Zeugenaussagen usf. Die kroatische Polizei hatte die Vorkommnisse sehr ernsthaft untersucht, dagegen hatten die serbischen Behörden kaum etwas vorzuweisen. »Die Beamten im serbischen Innenministerium deuteten uns an, dass es unnötig wäre, allzu tief zu gehen – das könnte den russisch-serbischen Beziehungen schaden«, heißt es wörtlich und weiter, dass »Zeugen plötzlich in Anwesenheit der serbischen Polizei ihre Aussagen wiederriefen, später aber uns besuchten und im Vertrauen, da wir russische Journalisten waren, alles wieder bestätigten. Für die Moskauer Untersuchungskommission waren Erhebungen noch schwieriger, da ihr die serbischen Behörden noch nicht einmal die Befragung von Zeugen gestatteten. »In der Umgebung von Kostajnica verschwanden auch Menschen, die mit uns gesprochen hatten«, schreibt Sergejs Grizunow im »Komersant«. »Dabei wollten wir nur die Wahrheit erfahren und die Überreste unserer Jungs begraben«, heißt es weiter. Nach Meinung des Autors ist heute klar, dass die Behörden in Belgrad die Untersuchungen behindert haben, ungeachtet der negativen Reaktionen aus Moskau, das aber auch nicht besonders gedrängt hatte, die Untersuchungen über die Umstände der Ermordung der beiden russischen Journalisten aufzuklären. Selbst der russische Botschafter in Belgrad legte kaum Eifer an den Tag, obwohl er die beiden vermissten Kollegen gut gekannt hatte, die er häufig zur Information zu sich bat. Serbische Behörden weisen russische Journalisten aus dem Land, die sich für dieses tragische Ereignis allzu sehr interessieren, und gestatten nicht, die Mörder von Nogin und Kurenji ausfindig zu machen. Grizunow klagt letztlich, dass »Belgrad noch heute, also Jahre später, die Verantwortung dafür trägt, dass wir die Leichen unserer Kollegen nicht finden können, um ihnen die letzte Ehre zu erweisen.« Dass Viktor Nogin und Genadin Kurenaj so auch Opfer der hohen Politik geworden sind, liegt nahe. Moskau hat seinen großmachtpolitischen Interessen auf dem Balkan den Vorzug gegeben.

PS: Der 1991 acht Jahre alte Sohn von Nogin ist in die Fußstapfen seines Vaters getreten und ebenfalls Kameramann geworden. Seine Studien hat er an der Akademie in Moskau absolviert. Die Witwen der beiden russischen Kollegen mussten wenige Wochen nach dem spurlosen Verschwinden ihrer Männer nach Moskau zurückkehren.

PS: Über Mittelsmänner waren nicht genannte Mittelsmänner ehemaliger UDBA-Agenten nach Jahren an Sergej Grizunow mit dem Angebot herangetreten, die Bestattungsorte der beiden ermordeten russischen Journalisten zu verraten – für einen horrenden Geldbetrag!

DER KRIEG

UM DIE MEDIEN AUF DEM BALKAN

Der Krieg um die Medien wurde im jugoslawischen Raum so unbarmherzig und tückisch geführt wie der bewaffnete Kampf. In Serbien und in Montenegro hat der Besitz von Rundfunk und Fernsehen über den Fortbestand der kryprokommunistischen Herrschaft entschieden und die erwachte Opposition auf die Plätze verwiesen. Ein Kommentar in der »New York Times« sprach damals von »vergifteten Rundfunkwellen«. Vor allem das Fernsehen spielte in einer Gesellschaft, in der eine zivile Streitkultur so gut wie unbekannt war, vom Mangel demokratischer Spielregeln ganz zu schweigen, eine verhängnisvolle und entscheidende Rolle. Im Kampf um die Macht werden Bilder und TV-Beiträge gezielt als emotionale Waffe eingesetzt. Die vertonte Bild-Wort-Kombination ist, auch wenn sie nur Sekunden dauert, höchst einprägsam. Das Belgrader Fernsehen, das fest in der Hand des Milosevic clans war, blieb vor allem bei der Landbevölkerung der Wahrheit letzter Schluss. Mit einer ungemein geschickten

Manipulation, die der in kommunistischen Systemen geübten »positiven Auswahl« entsprach, wurde jedes Ereignis im Sinne des Regimes dargestellt und interpretiert. So auch der Aufstand der Belgrader Studenten 1991, der sich gegen die »Lügenbastille« des Fernsehens richtete, die ihren Ansturm allerdings überdauert hat. Das Regime opferte den Generaldirektor des TV, Minic, wie einen Bauern im Schachspiel, um ihn bei der nächsten Regierungsumbildung zum Informationsminister von Serbien zu küren! Das Milosevic Regime fühlte sich so sicher, dass es Dutzende bekannter Journalisten, Kommentatoren, Techniker, aber auch Schauspieler, Autoren und Regisseure säuberte. Die unabhängige Gewerkschaft der Journalisten wurde ausgetrickst und das hörige Informationssystem im Fernsehen nur noch fester zementiert. Im Rundfunk erfreuten sich Journalisten und Meinungsmacher etwas größerer Freiheiten. Zwar gab es in Belgrad noch die Fernsehstation Studio B und das Fernsehen des Verlagshauses »Politika«, die etwas objektiver berichteten, nur reichten ihre Reichweiten kaum über die Stadtgrenzen hinaus. Ihr Einfluss beschränkte sich auf die urbane Gesellschaft. Auch der Versuch des aus den USA heimgekehrten Exilserben Milan Panic, während seiner sehr kurzen Amtszeit als Ministerpräsident, die Fernsehlandschaft aufzulockern und einen neuen Sender zu etablieren, schlug ebenso fehl wie der seines Vorgängers Ante Markovic. Die aus England, teils mit Geldern der UN angeschafften technischen Einrichtungen für einen Sender wurden unmittelbar nach Überschreiten der ungarisch-serbischen Grenze von Unbekannten entführt! Da kurz darauf ein Fernsehsender in der

»Serbischen Republik Krajina« den Betrieb aufnahm, erübrigte sich jedes Rätselraten – nur blieben die Sendeanlagen dem Zugriff legaler Institutionen entzogen, jedenfalls bis zum Fall dieser »Republik« der serbischen Aufständischen in der Krajina. In Bosnien wiederum wurde einem TV-Team des ORF die mitgeführte, sündhaft teure Technik von serbischer Seite beschlagnahmt und ist nie wieder aufgetaucht. Dem ARD-Korrespondenten Miroschnikov wurde die Kamera »gestohlen«. Auch Kameramänner anderer westlicher Fernsehanstalten und Reporter klagten über laufende Bedrohungen und Erpressungen, die sie mit Geld abwenden konnten, was wiederum auf kriminelle Elemente hinweist, die die wirre Situation auf ihre Art zu nutzen wussten. Eine besondere Rolle spielten während der kriegerischen Auseinandersetzungen so genannte Ortssender beziehungsweise Minianlagen. Sie waren nach dem Überfall der Warschauer Paktstaaten auf die CSSR im August 1968 im Rahmen der von Tito verfügten »totalen Volksverteidigung« nahezu in jedem Dorf installiert worden. Sie sollten die Strategie des Partisanenkrieges modernisieren, wie er von Tito 1944 – 45 geführt worden war. Eine blitzschnelle Mobilisierung unter dem Motto *»Nista nas nemoze iznenaditi«* – nichts kann uns überraschen, sollte dadurch gewährleistet werden und einem eventuellen Angreifer das hohe Risiko eines kampfbereiten Volkes vorführen. Mobilmachungsübungen in den Dörfern in ganz Jugoslawien waren im Frieden an der Tagesordnung und die Sendungen des Ortsrundfunks wurden über Lautsprecher für kommunistische Propaganda, Befehle der Ortskommandanten und Mitteilungen der Gemeindevorsteher genutzt. Während der Kriege in Kroatien, in Bosnien, aber auch im Kosovo waren diese kleinen Rundfunkanlagen begehrte militärische Ziele. Wer sie besaß, verfügte über ein nicht zu unterschätzendes Propagandainstrument. Für mich als »Kriegsberichterstatter« waren sie schon deshalb interessant, da ich aus ihren Programmen, ja selbst Musiksendungen, schließen konnte, wer in dem Dorf das Sagen hatte beziehungsweise welche der sich bekämpfenden Seiten gerade Herr der Lage war. Die Sendestärke der Minisender überlagerte in der nächsten Umgebung der Dörfer die großen Rundfunksender, etwa das Programm von Zagreb oder Belgrad oder Sarajevo, oder auch der lokaler Sender in Syrmien, der Baranja usf. Mein Problem und zweifellos auch das anderer Berichterstatter war, dass ich kaum mit Sicherheit wusste, welches Dorf in dem völkisch umstrittenen und umkämpften Gebiet kroatisch oder serbisch war, welches Postamt noch geöffnet war, welches Telefon funktionierte, vielleicht sogar über einen Fernschreiber verfügte, über die ich meine Berichte durchgeben konnte. Handys gab es damals noch nicht. Die von serbischen Verbänden eroberten kroatischen Dörfer, etwa in der Lika, schalteten umgehend auf die Zentrale in Belgrad um, was mir den Vorteil der Übermittlung an mein Belgrader Büro sicherte, von wo dann die Berichte und Kommentare weitergeleitet wurden. Nach den NATO-Bombardements in Serbien waren zeitweise Übermittlungen per Telefon oder Fernschreiber nach Westen unmöglich. Lediglich auf Umwegen über Bukarest, Athen oder Rom. Während der militärischen und politischen Umwälzungen in Bosnien war das r. k. Bistum in

Banja Luka so entgegenkommend, dass es meine Beiträge meist nachts über die völlig überlasteten technischen Verbindungen weiterleitete. Auch die brisantesten Informationen, Berichte, Reportagen und Kommentare sind wertlos und bleiben praktisch ungenutzt, wenn sie die Medien nicht erreichen, für die ein Korrespondent tätig ist.

Die NATO wusste zweifellos bereits vor ihrem militärischen Schlag gegen das Milosevic Regime über die dominierende Bedeutung des Fernsehens und Rundfunks Bescheid. Was offizielle Statistiken belegen: 53 Prozent der Bevölkerung in Serbien/Montenegro informierte sich über das Fernsehen, im wesentlichen über die Abendhautpnachrichtensendung um 19.30 – *Dnevnik* –, nur 12 Prozent der Bevölkerung, also etwa 1,3 Millionen Menschen, lasen Tageszeitungen, weniger als 5 Prozent, also zirka 500.000 Menschen lasen politische Magazine.

Die Zerstörung des Hauptgebäudes des RTJ-Senders im Stadtzentrum von Belgrad, das eingeengt zwischen dem Hauptpostamt in der Takovska Straße und der orthodoxen Kirche des Hl. Marko, nur wenige hundert Meter vom Bundesparlament entfernt, lag, war so schon lange vorprogrammiert. Mit geradezu chirurgischer Präzision zerstörte der von einem US-Kriegsschiff in der Adria abgefeuerte Marschflugkörper am 23. April 1999 das Gebäude und anschließende Sendemasten, ohne die Nachbargebäude zu beschädigen. Bei dem nächtlichen Einschlag verloren 16 Techniker, eine Maskenbildnerin und Wachpersonal bedauerlicherweise ihr Leben. Obgleich die Studios und Sendeanlagen für Wochen unbenutzbar waren, wurden schon nach wenigen Stunden Notprogramme und Meldungen ausgestrahlt und das über verschiedene Anlagen in und um Belgrad, die bereits im Frieden für Kriegszeiten vorbereitet worden waren. Welchen Einfluss Medien auf die Öffentlichkeit haben, ja selbst auf uneinsichtige Militärs, die wie Warlords agierten, zeigt ein einmaliger Vorfall in Bosnien. Der von internationalen Friedensgesprächen aus Lissabon, wo erstmals die ethnische Teilung von Bosnien und Herzegowina beschlossen wurde, heimkehrende Präsident von Bosnien und Herzegowina, Alija Izetbegovic, rief am 2. Mai 1992 aus Lukavica (Vorort von Sarajevo) in die TV-Abendsendung an und erklärte, dass er auf dem Weg vom Flughafen von einem General der JVA gekidnappt worden sei. Der Moderator der Sendung vermittelte vor aller Öffentlichkeit, also eingeschalteten Fernsehgeräten, zwischen dem Kommando der JVA und Mitgliedern des Präsidiums von Bosnien und Herzegowina über seine Freilassung und sie glückte. Warlords scheuten letztlich doch die Öffentlichkeit und freie Berichterstattung.

Ein peinliches Missgeschick ereilte die NATO schon während ihrer ersten Luftschläge in Neu-Belgrad. Das oberste Stockwerk der Chinesischen Botschaft, ein Hochhaus in der Nähe des Hotels International, von wo aus über einen eigenen Sender beziehungsweise Funk Nachrichten nach Peking gesendet wurden, lockte einen Marschflugkörper der NATO an. Bei dessen Einschlag und Explosion fanden auch drei chinesische Journalisten den Tod, was zu einer ernsten Verstimmung zwischen Washington und Peking führte. Die USA kamen letztlich für den Schaden auf und entschädigten die Familienangehörigen der Opfer in China. Für die in Belgrad akkreditierten Korrespondenten war das ein Schock, da wir nicht nur diese chinesischen Kollegen kannten und schätzten, vielmehr erkennen mussten, dass wir in der serbischen Hauptstadt nicht sicher waren.

Der Einfluss der Printmedien auf dem Balkan war und ist im Vergleich zu den elektronischen Medien gering. Hinzu kam, dass im Laufe der Kriege im jugoslawischen Raum dem Interesse von Lesern schon durch den Mangel an Rotationspapier, sinkende Auflagen und eine galoppierende Inflation Grenzen gesetzt wurden.

Die führende Tageszeitung »Politika«, das Traditionsblatt der Serben, war fest in der Hand der Familie Milosevic, in deren Direktion eine Tochter die Stellung hielt. Frau Mira Markovic-Milosevic, die Gattin des serbischen Staatschefs, bevorzugte für ihre Publikationen das Magazin »Duga«, an und für sich mehr eine Frauenzeitschrift. Als Vorsitzende von JUL (Jugoslawiens Vereinigte Linke) entrierte sie oftmals politische Gedanken und auch Entscheidungen ihres Gatten, wobei ihr der Ruf eines *hardliners* mit großem politischem Einfluss durchaus zustand. Das vormalige, noch nicht vollständig gleichgeschaltete Blatt der sozialistischen Werktätigen, »Borba«, hatte in Belgrad eine viel zu geringe Auflage und ein schwaches Verteilersystem, als dass es trotz neutraler Informationspolitik den enormen Vorsprung der regimehörigen Medien hätte ausgleichen können. Auch das Magazin »Vreme«, das hinsichtlich journalistischer Qualität und Aufmachung, Vergleiche mit TIME-Magazin nicht zu scheuen brauchte, blieb eher Intellektuellen und Oppositionellen vorbehalten, während die vielen Illustrierten einen regimetreuen Kurs steuerten. Die Provinzblätter waren in der Regel spiegelgleiche Ableger der Hauptstadtpresse und der zu einer groß-serbischen Agentur degenerierten TANJUG. In Montenegro war die Situation auf dem Zeitungsmarkt nicht besser, jedenfalls zur Zeit des belgradhörigen Präsidenten Bulatovic. Klar auf seiner Linie lag das Blatt der »Demokratischen Sozialisten«, in die sich die Kommunisten umbenannt hatten. Das montenegrinische Magazin »Monitor«, das von 120 Sponsoren über Wasser gehalten wurde, da es nicht zu kostendeckenden Preisen verkauft werden konnte, konnte das Übergewicht der Regimepresse nicht aufwiegen. Die Europäische Union und auch die UN halfen oppositionellen Printmedien mit der Lieferung von Rotationspapier, dessen inländische Produktion Milosevic und sein Clan ebenfalls fest in der Hand hatten, nur ungenügend aus. Zeitungen oppositioneller Parteien gab es überhaupt nicht, sodass die Presselandschaft mehr als eintönig wirkte. Langjährige Beobachter und Leser beurteilten die serbische Presse sogar als eintöniger und fader als zu Zeiten des KP-Einparteiensystems in Jugoslawien. Die Lage der Presseerzeugnisse der Minderheiten war nicht anders. Für die 1,8 Millionen Albaner im Kosovo gab es nur das Blatt »Bukur«, dessen wenige Exemplare zerfleddert von Hand zu Hand gingen. Das Blatt der 400.000 Ungarn in der Wojwodina, »Magyar Szo«, konnte nur dreimal in der Woche erscheinen. Die ungarischen und rumänischen Nachrichtensendungen des Senders Novi Sad waren Übersetzungen des serbischen Programms.

Die ideologische Leere und Führungslosigkeit, die mit dem Abtreten des Kommunismus als einigender Klammer im Vielvölkerstaat eingekehrt war, machte jäh aufflammenden Nationalismen Platz, die ja latent schon lange unter der Oberfläche schwelten. Den Medien fiel ein verhängnisvoller Part zu. Sie waren von der KP und den Presseabteilungen in den ZKs vier Dezenien an der Leine geführt worden und verloren so plötzlich die Orientierung, was auch für die Medienmacher, die Journalisten, galt. Ein unmittelbar betroffener bosniakischer Journalist, der im bosnischen Krieg in Sarajevo schwer verwundete Kemal Kurspahic, brachte dies rückblickend in seinem Buch »Prime Time Crime« auf eine vereinfachende Formel: »Der jugoslawische Patriotismus [im Medienwesen] wurde durch den serbischen und kroatischen ausgetauscht, die kommunistische Ideologie durch nationalistische; das Diktat der Kommunistischen Partei durch das Diktat neuer, regierender Parteien. Die neuen Führer haben auch die gleichen Kontrollmethoden: Sie betreuen die loyalsten Parteiideologen mit führenden Positionen in staatlichen Institutionen, insbesondere im Radio und im Fernsehen usf.« Mit dem aus der Asche des abgetretenen Systems auferstandenen moslemischen Nationalismus und militanten Islamismus in den Medien in Bosnien-Herzegowina geht der moslemische Journalist Kurspahic weniger hart ins Gericht. In Serbien hatten die Gazetten, allen voran die vormals linksliberale »Politika«, rundum Feinde geortet: so die kosovoalbanischen Terroristen und Separatisten, die kroatischen »Ustascha«, eine katholische Verschwörung der Slowenen und Kroaten unter der Leitung des Vatikans, bosniakische Islamisten, eine Verschwörung westlicher Kapitalisten und Revanchisten und natürlich Deutschlands und Österreichs, aber auch der USA usf., die je nach Bedarf ausgetauscht wurden. Also ein medialer Vielfrontenkrieg, der dem heißen Krieg nur den Boden bereitete und dem »Retter Serbiens«, Slobodan Milosevic, den Weg zur Diktatur ebnete.

»Den skrupellosesten Medienkrieg gegen Jugoslawien, insbesondere aber gegen Serbien und das serbische Volk, auch außerhalb der Grenzen Serbiens, führte Deutschland mit der Unterstützung der US-Administration Bush«, behauptet der vormalige Viersternegeneral Velko Kadijevic in seinen Memoiren, der die unseligen Kriege gegen Slowenien und Kroatien militärisch verloren hat. Er verschweigt, dass er mit der serbisierten Jugoslawischen Volksarmee auch für die Privilegien des Offizierskorps kämpfte. Ein nach vierjähriger Schulung an den Militärakademien ausgemusterter Leutnant erhielt bei seinem ersten Kommando vom Staat sofort eine Wohnung, während Arbeiter und Angestellte mindestens 25 bis 30 Jahre bei ihrem selbstverwalteten sozialistischen Betrieb in einen Wohnungsfond einzahlen mussten, bevor sie im jugoslawischen Selbstverwaltungssozialismus anspruchsberechtigt wurden. Die luxuriösen Generalsquartiere in den Obervierteln Belgrads sind ein illustrer Beweis für die Gleichheit im Sozialismus. Mit der Aggression Belgrads gegen die Teilrepubliken Slowenien und Kroatien zur Rettung Jugoslawiens und des Sozialismus setzten dort ebenfalls nationalistische, antiserbische Gegenstörungen ein, die von den führenden Tageszeitungen »Delo« in Slowenien und dem »Vjesnik« in Kroatien getragen wurden, ebenso im albanisch dominierten Kosovo mit der »Rilindija«. Dort hatte Milosevic mit seinem

1990 im Fernsehen abgegebenen Versprechen an die Serben: »Niemand darf euch schlagen«, den großserbischen Chauvinismus endgültig von der Kette gelassen und seine Macht zementiert. Mit zweijähriger Verspätung machten sich auch in Bosnien-Herzegowina die nationalistischen Geister der Serben, der Moslems und der Kroaten frei. Das führende Blatt »Oslobodjenje« in Sarajevo wurde Schritt für Schritt im moslemisch dominierten Bosnien vom »Dnevni Avaz« verdrängt, hinter dem der bosniakische Präsident Alija Izetbegovic und der Reis ul Uleiman der Islamischen Glaubensgemeinschaft standen, aber auch arabische Financiers.

Mit Horrorgeschichten geizte keine der kriegführenden Seiten. Neben der eingangs erwähnten und von serbischer Seite der britischen Agentur Reuters untergeschobenen Falschmeldung von der angeblichen Ermordung von 40 Kindern in einem serbischen Kindergarten in Vukovar durch kroatische Kämpfer revanchierte sich mit gleicher Münze das in der kroatischen Hauptstadt Zagreb erscheinende Blatt »Vjesnik«. Im August 1993 berichtete es von 37 Kroaten, die im bosnischen Zenica erhängt worden wären. Und das vor der katholischen Kirche auf dem Hauptplatz dieser Industriestadt. Die Untat wurde bosnischen Moslems angelastet, stellte sich aber recht bald als erfunden heraus. Auch Behauptungen, dass in den von Moslems kontrollierten Gebieten in Bosnien Frauen und Mädchen gezwungen wurden, moslemische Kleidungsvorschriften zu befolgen, wie bodenlange Mäntel, Kopftücher, Pluderhosen, ja sogar Gesichtsschleier zu tragen, sind mit Vorsicht zu begegnen, jedenfalls noch in den Kriegsjahren

1992 – 95. Dagegen konnte sich eine moslemische Zeitschrift mit dem Titel »Liljan« ausgerechnet in Zagreb um die noch unter Tito errichtete Moschee etablieren. Sie wurde von moslemischen Flüchtlingen, die von Serben aus Bosnien-Herzegowina vertrieben worden waren, gegründet. »Liljan« wurde im Laufe des Bürgerkrieges, der ja auch ein Religionskrieg war, immer radikaler. Mit Fortschreiten des Krieges kam es auch in Kroatien zu einer schrittweisen Gleichschaltung der kroatischen Medien. Allen voran im Fernsehen und Radio. Auch hier verloren unliebsame und auf journalistischer Freiheit beharrende Journalisten ihren Job. Der Kampf um die Freiheit des Wortes in Kroatien spielte sich in zivilisierteren Formen ab. Jedenfalls wurden unliebsame Journalisten nicht umgebracht und es gab auch keine Bombenattentate nach Kriegsende. Aber allein im Jahre 1999 gab es 900 Anklagen gegen kroatische Journalisten und Verleger. Die Wortführer der Kritik am kroatischen Staatsoberhaupt, Franjo Tudjman, und seinem autoritären Führungsstil waren das in der dalmatinischen Hafenstadt Split erscheinende satirische Wochenblatt »Feral Tribune« (in Anlehnung an den »Herald Tribune«) und das Blatt »Nacional«. Sie wurden mit mehr als 20 Strafanzeigen und rund 50 Privatklagen mit Schadensersatzforderungen in Höhe von zwei Millionen US-Dollar eingedeckt, was letztlich auf ihren finanziellen Ruin hinauslief. Auch die aufmüpfigen Zeitungen »Slobodna Damlmacija« und »Novi list« in Rijeka waren den Zensoren und der politischen Führung in Zagreb während des so genannten »*domovinski rat*« (vaterländischen Krieges) ein Dorn im Auge, da sie sich mit der überbordenden nationalkroatischen Euphorie kritisch auseinandersetzten. Dabei hatten sie in der ersten Phase der Verselbstständigung Kroatiens und des Verteidigungskrieg gegen die serboslawische JVA kroatische Positionen mit allen medialen Mitteln verteidigt, nur eben hatten sie sich dann doch mehr an Pressefreiheit erwartet. Erst mit dem Vertrag von Dayton 1995, den der kroatische Präsident Franjo Tudjman und der serbische Präsident Slobodan Milosevic neben dem Präsidenten von Bosnien-Herzegowina, Alija Izetbegovic, unterzeichneten, wurde die OSZE (Organisation für Sicherheit und Zusammenarbeit in Europa) beauftragt, die Freiheit der Presse und Meinung zu sichern, was auch auf medialem Sektor zu einer langsamen Kultivierung und Toleranz führen sollte.

Was die oberste Führung der Jugoslawischen Volksarmee und die Generalität von Pressefreiheit und freier Meinung hielten, demonstrierte Generalstabchef Adjic auf einer Pressekonferenz schon vor Kriegsbeginn in der dalmatinischen Hafenstadt Zadar, als er die anwesenden Vertreter der internationalen Medien verhöhnte und auslachte.

MANGELNDE TOLERANZ
HEIZT HASS AN


Dreizehn Raketen, auf Befehl des US-Präsidenten Bill Clinton von amerikanischen Kriegsschiffen im Mittelmeer und der Adria abgefeuert, beendeten den Spuk in Bosnien, aber auch das beschämende Versagen der UN und der EG und zwangen die Kriegsparteien am 14.12.95 an den Tisch von Dayton. Das Entstehen von Nachfolgestaaten auf dem Gebiet der SFRJ und auslaufender Kampfhandlungen bedeutete keineswegs ein Ende des Medienkrieges. Slowenien und Kroatien gaben sich neue Mediengesetze, die sich an den allgemein gültigen Grundsätzen westlicher Demokratien orientierten. Aber auch sie pflegten weiterhin ungeniert die neuen Nationalismen vor demokratischen Spielregeln. Allerdings haben sich Kroatien und Slowenien westlichen Investoren auf dem Medienmarkt weit geöffnet. So hat sich der Styria-Verlag (Graz) bei »Vecerni novosti« in Zagreb eingekauft, die deutsche WAZ-Gruppe ist bei anderen Tageszeitungen eingestiegen, das Zagreber Magazin FOCUS ist ein Spiegelbild des Münchner FOCUS usf. Die Printmedien stellen sich im Konkurrenzkampf mit einer Vielfalt von Meinungen, sodass von einem Meinungsmonopol, etwa einer Partei, kaum mehr die Rede sein kann. In Serbien hat sich dagegen seit Beginn der Demokratisierung die Freiheit der Medien kaum zum Positiven verändert, behauptet die unabhängige Menschenrechtsorganisation »Reporter ohne Grenzen« in Paris. In ihrem Jahresbericht 2003, »Freedom of the press«, wird angeführt, dass die Ermordung des serbischen Journalisten Slavko Curuvija im April 1999 im Zentrum Belgrads und Milan Pantics im Mai 2001 noch immer ungesühnt sind. Dass die Schüsse auf die beiden von den gleichen Banden abgefeuert wurden wie auf den serbischen Premier Djindjic pfeiffen in Belgrad die Spatzen von den Dächern. Eine Klärung ist vor Belgrader Gerichten angelaufen. Der Verbrecherclan des Kommandanten Milorad Ulemek Legija der Milosevic eigenen »Roten beretki« steckt dahinter. Auch die Reformen zur Stärkung der Medien und ihrer Unabhängigkeit sind ausgeblieben, trotz der zehnten Version des Pressegesetzes von Juli 2002. Die Medien, die unter dem alten Regime keine Lizenzen für Sendefrequenzen oder Publikationen erhielten, bekamen diese bis dato nicht. Milosevicnahe Verlage und Sender behielten ihre Privilegien. Strenge Gesetze gegen Diffamierung und üble Nachrede setzten Journalisten zusätzlich unter Druck. Jahresberichte von »Freedom of the press« stellen fest, dass Angestellte missliebiger Tageszeitungen Todesdrohungen nach Berichten über Korruption in der Regierung erhielten und dass auf das Haus des kritischen Rundfunkjournalisten Mihajlo Peric eine Granate abgefeuert wurde. Eine Reihe anderer Journalisten in Serbien wurden gerichtlich belangt, auch kurzfristig verhaftet, was auf eine Einschüchterungskampagne hindeutet. Andererseits scheinen die bei der Ausübung ihres Berufes während der Kriegshandlungen umgekommenen serbischen Journalisten kaum mehr einer Erwähnung wert, ganz im Gegensatz zu Kroatien, wo der Namen der im Krieg umgekommenen Journalisten und Techniker auf einer Ehrentafel am »Haus der Presse« in Zagreb gedacht wird. Ähnlich in Slowenien. Selbst der Name des Berichterstatters der Belgrader »Vecerni novosti«, Milan Zegarac, nach dem 1991 ein Preis für verdiente Kriegsberichterstatter benannt wurde, ist mit der stillschweigenden Abschaffung in Vergessenheit geraten. Zweifellos eine Folge des Sturzes des Milosevic Regimes. Dass sich damit die Nachfolgeregierungen in Serbien, als auch Organisationen wie der Schriftstellerverband und Journalistenverband Serbiens, von der Ära des serbischen Diktators Slobodan Milosevic distanzieren wollten, liegt nahe. Nur, ob Kollegen den Tod eines Kollegen so totschweigen wollen, ist eine andere Frage. Das gilt auch für die Aufklärung des Todes von vier anderen serbischen Journalisten, die im Dienste der Berichterstattung am 9.10.91 in der Nähe des hart umkämpften Dorfes Mokrice mit ihrem Wagen in die Luft geflogen sind: Zoran Amidjic, Korrespondent des TV Belgrad, Bora Petrovic, Kameramann, Dejan Milicev und der Rundfunkreporter Sreten Ilic. Alle aus dem Studio Sabac des RTV Belgrad. Umstritten bleibt, ob ihr Wagen auf eine Mine aufgefahren ist, von wem sie gelegt wurde, oder während der Kämpfe von Granaten getroffen wurde.

Ein Paradebeispiel im Kampf um die Vorherrschaft in den elektronischen Medien bot und bietet noch die Umgestaltung des RTV Sarajevo. Der Vertrag von Dayton, demzufolge jeder Entität in Bosnien-Herzegowina das Eigentumsrecht an der Infrastruktur auf ihrem Territorium zufällt, erwies sich als tückisch. Keine der Entitäten war bereit zu einer objektiven Nachrichtengebung und den eigenen Einfluss zu schmälern. Die Bosniaken (Moslems) gaben den Ton im RTV Sarajevo an, die Serben in ihren Sendern in Pale beziehungsweise Banja Luka, auch die Kroaten verteidigten ihre nationalen Interessen im TV Herceg-Bosna in Mostar. Alle drei nationalistischen Regime in Bosnien-Herzegowina verzögerten nach Kräften elementare Reformen in den Medien. Der Widerstand im RTV der Republika Srpska war so nachhaltig, dass Einheiten der SFOR die Sendeanlagen besetzen mussten, um die einseitige und verhetzende Berichterstattung zu unterbinden. Im Herbst 1997 versuchte UN-Hochkommissar Westendorp die Dominanz der nationalistischen Kräfte in Fernsehen und Rundfunk zu zerschlagen. Nach langwierigen Verhandlungen kam es zu einem Memorandum, mit dem die bestehenden technischen Einrichtungen der RTV der verfassungsmäßigen Struktur Bosnien-Herzegowinas als Staat mit zwei Entitäten und drei konstitutiven Völkern (Moslems, Serben, Kroaten) entsprechen sollten. Das von dem moslemischen Präsidenten von Bosnien-Herzegowina, Izetbegovic, und dem Vertreter der Serben in Bosnien-Herzegowina unterzeichnete Memorandum zur Regelung der Medien wurde praktisch nie umgesetzt, sodass sich der UN-Hochkommissar gezwungen sah, von seinen Vollmachten Gebrauch zu machen und einen Public Broadcasting Service of Bosnia and Herzegowina (PBS Bosnien-Herzegowina) sowie das RTV der Föderation Bosnien-Herzegowina zu begründen und das Parlament der Republika Srpska zum Erlass eines Gesetzes für ein öffentliches RTV in dieser Teilrepublik aufzufordern. Da nach zwei Jahren das Netz noch nicht einmal eine gemeinsame Nachrichtensendung im Abendprogramm zustande brachte, ging der neue Hochkommissar Wolfgang Petritsch noch grundlegendere Reformen der elektronischen Medien an. Er verfügte im Sommer 2000 dem multi-ethnischen Verwaltungsrat die Ausarbeitung eines Entwurfes für ein entsprechendes Gesetz des RTRS (Teilrepublik Serbien) und eines strategischen Planes, der wie im Programm als auch bei den Kadern die ethnische und religiöse Vielfalt der Bürger der Republika Srpska in Bosnien-Herzegowina spiegeln sollte. Seither scheint eine einigermaßen objektivere Nachrichtengebung auf allen Kanälen um sich zu greifen, schon deshalb, da das Fernsehen und der Rundfunk in Bosnien-Herzegowina nicht von den aufgebrachten Gebühren der Seher und Hörer existieren könnten, sondern vielmehr auf finanzielle Zuwendungen seitens des Hochkommissariates angewiesen sind. Letztlich gibt also Geld den Ausschlag in den elektronischen Medien in der Föderation Bosnien-Herzegowina, einem Protektorat der Vereinten Nationen.

Die in Nationalismen festgefahrene Medienlandschaft, sozusagen ein Erbe der kriegerischen Auseinandersetzungen, aufzubrechen war ungemein schwierig. Dabei versuchten auch private Sponsoren behilflich zu sein und den Medien aller Couleur wieder auf die Beine zu helfen. So die SOROS FOUNDATION, die Medien in Bosnien-Herzegowina nicht nur zum Überleben verhalf, sie vielmehr anhielt, sich später selbst zu erhalten. Auch ein Novum, da die Medien während der 40-jährigen KP-Herrschaft mehr oder weniger direkt vom Staat oder der Partei finanziert wurden. SOROS hat auch gemeinsam mit der BBC Kurse für Journalisten eingerichtet, auch im Austausch, um entsprechend Nachwuchskräfte heranzuziehen und bereits tätige Zeitungsmacher auf seriöse Informationspolitik zurückzuführen. Bei der nationalistischen Grundorientierung aller Medien in Bosnien-Herzegowina ein recht mühseliges und langwieriges Unterfangen. Nicht nur in der Republika Srpska, wo neben den Sendern RTV Pale und Banja Luka, die Tochter des Serbenführers Radovan Karadzic, Sonja, einen eigenen Rundfunksender, SVETI JOVAN, installierte und im Auftrag ihres untergetauchten Vaters ein Pressezentrum unterhält. Sie selektiert unter ausländischen Korrespondenten. Nach Möglichkeit sollen sie nach wie vor günstig über ihren Vater und die von ihm nach wie vor am langen Zügel gelenkten Offiziellen berichten, aber auch für die Verhältnisse in der Republika Srpska Bosna. (Vordem ließ sich die geschäftstüchtige Sonja jede Information oder eine Reise durchs Land und Vermittlung zu Interviews bezahlen, natürlich in Devisen.)

Ab dem Herbst 1996, also nach den ersten freien Wahlen, versuchte der damalige Hochkommissar für Bosnien-Herzegowina, der Schwede Carl Bildt, ein unabhängiges Fernsehen ins Leben zu rufen, das allerdings auf das bestehende Netz angewiesen war, das fest in Händen der drei Entitäten war. Ähnliches galt für neue Radiostationen OBN (Open Broadcasting Network) und RADIO FERN (Free Elections Radio Network). Auch wenn alle elektronischen Experimente von den so genannten »patriotischen Sendern« der drei Entitäten in seltener Einmütigkeit abgelehnt wurden, trugen ihre mehr oder weniger neutralen Informationsprogramme doch zu einer mäßigenden Balance und ethnischen Toleranz bei. Auch der britische Hochkommissar, Peddy Ashdown, griff noch 2005 ungeniert in die Personal- und Informationspolitik bosnischer Medien ein.

JOURNALISTEN HELFEN JOURNALISTEN

Auch der selbstlose Einsatz von Kolleginnen und Kollegen aus mehreren Nationen, ja auch der Piloten einer Cesna, die trotz der Lufthoheit der jugoslawischen Luftwaffe und lauernder Jäger nach Wien flogen, konnte das Leben des schwer verletzten kritischen Journalisten Ivan Marsic auch mit einer nächtlichen Notoperation im Wiener AKH nicht retten. Dem 1963 in der Baranja geborenen Ivan Marsic war die riskante Flucht aus dem von Cetnikverbänden belagerten Städtchen Beli Manastir gelungen, in dessen weiterer Umgebung er wenige Tage später bei Orasje während seiner journalistischen Arbeit in einen Feuerüberfall von Granatwerfern geriet und schwer verwundet wurde. Seinen Verwundungen erlag er am 9. April 1992. Seine journalistische Laufbahn startete er als Sportjournalist bei dem kroatischen Lokalsender Baranja, um dann während des Krieges als Mitbegründer und Redakteur des »Vertriebenensenders« in Osijek weiterhin vom kriegerischen und politischen Geschehen in diesem heißumkämpften Teil Slawoniens zu berichten. Zurück blieben seine Frau Dunja und zwei

Kinder, Tin im Alter von anderthalb Jahren und der vierjährige Ivan, die aus ihrem Heimatdorf geflüchtet und völlig mittellos waren. Dunja wandte sich an den kroatischen Verleger Nenad Popovic, der die Cesna zum Flug nach Wien organisiert hatte und mitgeflogen war, da er hilflos das Sterben seines jungen Kollegen Ivan Marsic miterleben musste. Popovic wiederum wandte sich in Briefen an das Literaturhaus in Wien und an den deutschen Journalisten Roman Arens, der ebenfalls aus den Krisengebieten in Kroatien und Bosnien berichtet hatte. Er hatte vorher einen Freund und Kollegen verloren, den SZ-Reporter Egon Scotland. In einem Rundbrief wandte sich Arens an andere Kollegen und Freunde, denen er das unfassbare Elend der Zivilbevölkerung in den vom Krieg verwüsteten Landschaften schilderte und um Hilfe für die Hinterbliebenen von getöteten Journalisten bettelte. Im Juni 1992 waren bereits 25 Journalisten getötet worden. Nach vier Kriegsjahren in Kroatien und Bosnien, Ende 1995, hatten bereits 45 Journalisten in Slowenien, Kroatien und Bosnien ihr Leben eingebüßt«, registrierte die Organisation »Reporters sans Frontières« in Paris und betonte, dass nur Todesfälle angeführt würden, die überprüft werden konnten. Vermutlich waren es damals schon weit mehr, gemäß dem bosnischen Rundfunk in Sarajevo, was die erbitterten Kämpfe ebenso belegt wie die persönliche Not und das Engagement der Berichterstatter, die ganz offensichtlich bevorzugtes Ziel waren. »Weil deutsche Finanzämter es nicht akzeptierten, wenn Spenden aus dem Brustbeutel verteilt werden, wurde der eingeschriebene Verein ›Journalisten helfen Journalisten‹ [JhJ] gegründet«, schreibt Christiane Schlötzer, die gründendes Mitglied war. Sie war die Gattin des in der Lika tragisch ums Leben gekommenen Egon Scotland, die verständlicherweise für die Nöte von Hinterbliebenenfamilien getöteter Journalisten besonderes Verständnis aufbrachte. Bevor die Spenden reichlicher flossen und der Verein gegründet worden war, wanderten sie auf vielen Wegen weiter, »erst ohne Bankkonten, weil es die in Kriegsgebieten nicht gab. So wurde das Geld von Kollegen zu Kollegen verteilt, unter Kaffeetassen geschoben und in Lebensmittelpakete gesteckt – ohne bürokratische Zwischenstationen, schnell und geräuschlos«, erinnert sich der Kollege Dietrich Kühnel und betont, dass JhJ nur in direktem Kontakt helfen wollte, wobei man um politische und weltanschauliche Neutralität bemüht war. Schon nach wenigen Jahren waren mehrere hunderttausend D-Mark beisammen, die hilfebedürftigen bosnischen, kroatischen und serbischen Journalisten zugeleitet wurden. Dass eine ganze Reihe serbischer und montenegrinischer Kollegen aus Jugoslawien und aus den vom Serbenführer Radovan Karadzic kontrollierten Gebieten in Bosnien flüchten mussten, da sie sich nicht vor seine Propagandamaschinerie spannen ließen, ist kaum bekannt. So der Fernsehredakteur Lutvo Tahirovic aus Sarajevo, der so brisantes Material und Beweise über die konspirative Zusammenarbeit des jugoslawischen Präsidenten Slobodan Milosevic mit seinem verlängerten serbischen Arm Radovan Karadzic gesammelt hatte, dass er denunziert um sein Leben fürchten musste 0und samt Familien in die Türkei, später nach Deutschland flüchtete. Das besagte Material liegt angeblich beim UN-Gerichtshof in Den

Haag. Oder der bosnisch-serbische Journalist Mladen Vuksanovic, der über 100 Tage in Hausarrest in der Serbenhochburg Pale verbringen musste, bevor er mit seiner alten Mutter aus der »Hauptstadt« der »Serbischen Republik Bosnien«, Pale, vertrieben wurde. Er hatte es abgelehnt, »serbisch-nationalistisches Fernsehen zu machen«.

Auch das Schicksal des Reporters Kemal Mulatic, eines moslemischen Bosniaken aus Srebrenica, ist beklagenswert. Er ist eines der Opfer des schlimmsten Kriegsverbrechens nach dem 2. Weltkrieg, das von Generaloberst Ratko Mladic angeordnet worden war, dem über 7.000 Männer und Jugendliche aus der moslemischen UN-Enklave Srberenica zum Opfer gefallen waren. In einem Rückblick, »Zehn Jahre Journalisten helfen Journalisten«, der in München ansässigen Zentrale, schreibt der Journalist Dragan Velikic aus Belgrad, der selbst während der Bombardierungen Belgrads im Jahre 1998 »die solidarische Hand der JhJ gespürt hat«, dass »ohne die materielle Hilfe gering schätzen zu wollen, schon die Tatsache, dass es Menschen gibt, die die Idee der Humanität verbindet, die helfen wollen und deren Beitrag unermesslich ist, noch bedeutender wiegt«. Die Journalisten des in Sarajevo erscheinenden Magazins START heben hervor, dass JhJ schon bei der Gründung des Magazins Hilfe auf alle mögliche Weise leistete – wie durch Spenden von PCs, mit Ratschlägen, sehr oft mit ärztlicher Hilfe, mit Nahrungsmitteln usf., was in der belagerten und von der Umwelt praktisch abgeschnittenen Großstadt von unermesslichem Wert war. Der bosnische Schriftsteller Predrag Mitvejevic aus Mostar stellt fest, dass »Journalisten mit ihrem Beruf viel häufiger das Leben riskieren«, weshalb er ihrem Mut seine Bewunderung und Achtung zollt. Schließlich meint der tunesische Journalist Sihem Bensedrine zum zehnjährigen Bestehen der JhJ, dass der »Kampf für die Pressefreiheit auch den Kampf für die Bürgerrechte einschließt«, weshalb »Journalisten auf oberster Stelle der Rangliste ihrer Feinde stehen!«

Rupert Neudeck, der Gründer von Cap Anamur revidierte letztlich seine strikte Ablehnung der JhJ, mit dem Einbekenntnis, dass dieser »Verein auf der einfachsten Idee basiert, die man sich nur denken kann: Gleiches übt zu Gleichen besonders gern Solidarität und deshalb ist JhJ eine wunderbare Idee«. Die Münchner Regionalbischöfin Susanne Breit-Kessler schreibt aus gleichem Anlass, »dass Journalistinnen und Journalisten sterben, weil sie benachrichtigen wollen. Sie werden nach wie vor bedroht, überfallen, gefoltert und schließlich zum Schweigen gebracht.« Die spontane Hilfsaktion einiger Journalisten nach dem Tod des kroatischen Rundfunkreporters Ivan Marsic in Slawonien ist im Laufe der Jahre zu einer respektablen Hilfsorganisation gewachsen, die nach Kräften weltweit in Krisengebieten in Not geratenen Journalisten und ihren nächsten Angehörigen beisteht.

Der Raum um die Stadt Osijek (Esseg) in Slawonien, gegen die sich die Offensive der serbischen Verbände und der Jugoslawischen Volksarmee nach der Eroberung der Stadt Vukovar mit aller Wucht gerichtet hatte, sollte unter den über die Kampfhandlungen berichtenden Journalisten weitere Opfer fordern. Der Kameramann ZARKO KAIC von RTV Kroatien filmte am 28.8.91 auf der Kreuzung bei Brijesta in

Begleitung zweier Kollegen die lautstarken Verhandlungen zwischen kroatischen Gardisten und Vertretern der JVA über den Rückzug einer Panzerkolonne und gepanzerter Transporter, als von dort das Feuer eröffnet wurde. Das in der Sonne glänzende Objektiv der Filmkamera bot ein gut erkennbares Ziel. Die tödliche Kugel traf ZARKO KAIC mitten ins Gesicht. Sein Kameraassistent und Tonmann, Dragan Kricka und Sasa Kopljar, wurden dabei von einer Maschinengewehrsalve erfasst und verwundet. Für die hinterhältigen Schützen waren sie journalistisches Freiwild! In der gleichen Landschaft, wo die Kämpfe lange hin- und herwogten und eine klare Frontlinie kaum erkennbar war, fanden ein Jahr später zwei Journalisten den Tod: am 6. Januar 1992 der Schweizer Journalist CHRISTIAN WÜRTEMBERG und wenige Tage später am 17.1.1992 der Fotoreporter PAUL JANKS, der für die britische Fotoagentur EPA arbeitete. Über die näheren Umstände ihres gewaltsamen Todes konnte nichts näheres in Erfahrung gebracht werden. Die Gemeinschaft »Journalisten helfen Journalisten« hilft, wo sie kann, auch regimekritischen Publikationsorganen in Ländern, wo Pressefreiheit und das freie Wort noch kleingeschrieben werden oder gar ein Fremdwort sind, ja von den Herrschenden mit allen Mitteln mundtot gemacht werden.

HEXENKESSEL BOSNIEN

Bosnien und Herzegowina sind ein seit Jahrhunderten umstrittenes und hart umkämpftes Herzstück auf dem Balkan. Die Sultane in Konstantinopel bezeichneten Bosnien als »Perle« des Osmanischen Reiches, die Habsburger in Wien gewährten Bosnien-Herzegowina nach der Okkupation dann 1906 einen autonomen Status, Tito schrieb der sozialistischen Vielvölkerrepublik die Funktion eines Züngleins in seinem Vielvölkerstaat Jugoslawien zu. Schon während des Partisanenkrieges buhlte Tito bei der Tagung des Antifaschistischen Rates im November 1943 in Mrkonic Grad um die Moslems mit dem Versprechen ihrer Anerkennung als Nation, um ihre offenen Sympathien für das Dritte Reich aufzufangen, da sie eine SS-Division »Handschar« aufgestellt hatten. Mit der blockfreien Politik Belgrads gegenüber den moslemischen Staaten Ägypten, Libyen, Indonesien etc. wuchs auch die Bedeutung der Moslems, wo fundamentalistische Kreise sogar die Ausrufung einer »Islamischen Republik Bosnien« forderten. Trotz zweier Weltkriege, einer massiven Industrialisierung in Fünfjahresplänen und mehr als einer halben Milliarde Dollar an Investitionen in das Prestigeprojekt »Winterolympiade 1984« in Sarajevo blieb der Islam auch im atheistischen Tito-Jugoslawien die einzige expandierende Glaubensgemeinschaft. An dem im Lande mit Finanzspritzen aus Saudi-Arabien, Persien, Libyen etc. und Spenden der moslemischen Bevölkerung reaktivierten Kurschumilmedresse in Sarajevo und der Aladinmedresse in Pristina (Kosovo) wurden Imams herangebildet, die die Re-Islamisierung auch im Lande erfolgreich vorantrieben.

Sie ging für Außenstehende ohne Aufhebens, aber sicherlich mit Wissen der allgegenwärtigen Staatspolizei, der Kommunistischen Partei und der Behörden vor sich, die beide Augen zudrückten. So frönten vor der Ali Pascha Moschee (aus dem 16. Jhdt.) in Sarajevo, aber auch in Travnik, Bihac usf., gläubige Moslems ungehindert ihren rituellen Waschungen. Vor den Eingängen der Moscheen türmten sich Hunderte von Schuhen. Überraschend dagegen waren junge Frauen in bunten Sommerkleidern, die zu den Gebetszeiten vor den Moscheen aus ihren Handtaschen mit mitgebrachten, abgeschnittenen Hosenbeinen und langen Ärmeln ihre bloßen Beine und Oberarme bedeckten, um so notdürftig den Vorschriften des Islam zu entsprechen, bevor sie die abgegrenzten Frauenräume in den Moscheen barfuß betraten. Dass der Lehrbetrieb in den Medressen von den Gläubigen finanziert wurde, die jährlich auch mindestens 1.000 Schafe allein in Sarajevo spendeten, um die strengen Speisevorschriften des Islam sicherzustellen, dürfte auch nur mit Wissen des Innenministeriums und des Beauftragten für die Religionsgemeinschaften bei der Regierung der Sozialistischen Republik Bosnien und Herzegowina möglich gewesen sein. Auf entschiedene Ablehnung dagegen stieß die Forderung radikaler Moslems, die Volksschulen in den Dörfern den örtlichen Imams zu unterstellen, aber dem Wunsch nach Korankursen für Schulkinder außerhalb der Schulgebäude wurde entsprochen. Der Islam breitete sich wie eine Krake in Bosnien aus, fast wie eine Parallelgesellschaft. Ein Interview beim Oberhaupt der Autokephalen Islamischen Glaubensgemeinschaft in Sarajevo, dem Reis El Uleiman, war nahezu unmöglich. Schon das Betreten seines Amtssitzes am Rande der Bascarsija in Sarajevo und selbst das Vordringen bis zu einem seiner Sekretäre war schwieriger als beim Ministerpräsidenten von Bosnien-Herzegowina. Das Gefühl, als Europäer und Nichtmoslem vor einer unüberwindbaren Mauer zu stehen, hatte nicht nur ich – es erging Kollegen nicht anders. Beim Zerfall Tito-Jugoslawiens verteidigten die vier Millionen Moslems in Bosnien-Herzegowina mit gewachsenem Selbstbewusstsein ihre autochthone Kultur und Siedlungsräume gegen den Zugriff aus Belgrad.

Trotz der Anfang April 1992 erfolgten Anerkennung der Republik Bosnien-Herzegowina durch die USA und eine Reihe westlicher Staaten setzten serbische Cetniks und andere Freischärlergruppen mit Unterstützung der noch so genannten Jugoslawischen Volksarmee ihre Aggression aus Serbien entlang der Straße Belgrad-Sarajevo fort. Stadt um Stadt fiel in die Hände serbischer Paramilitärs, ohne dass sie auf nennenswerten Widerstand gestoßen wären. Lediglich die von ihnen vor sich hergetriebenen Flüchtlingskolonnen schwollen mehr und mehr an. In Zvornik an der Drina stürmten Cetniks bei der Eroberung der Stadt am 8. April 1992 in das Büro des Korrespondenten des bosnischen Blattes »Oslobodjenje« und streckten KJASIF SMAJLOVIC mit mehreren Schüssen nieder, der gerade dabei war, einen Bericht zum Überfall auf seine Stadt auf der Schreibmaschine zu tippen. Augenzeugen berichteten später seiner Frau, die mit ihren Kindern einen Tag vorher aus Zvornik geflohen war, dass die Leiche des unbewaffneten bosnischen Journalisten an den Füßen aus dem Büro gezerrt worden war, bevor dieses geplündert und verwüstet wurde. Laut dem noch eine gewisse Objektivität wahrenden Blatt »Borba« in Belgrad wurden die eingenommenen Städte und Dörfer, wie auch Visegrad an der Drina, verwüstet, gebrandschatzt und ihre moslemische Bevölkerung ethnisch gesäubert, sprich vertrieben. Der einzige jugoslawische Nobelpreisträger, Ivo Andric, hatte in seinem Roman »Brücke über die Drina« dieser Gegend ein einzigartiges literarisches Denkmal gesetzt. »Man sitzt auf ihr wie auf einer Zauberschaukel – gleichzeitig geht man auf Erden, schwimmt auf dem Wasser, fliegt im Raum und ist dennoch sicher verbunden mit der Stadt ... Alles das vermag durch die Jahrhunderte den Menschen ein Bauwerk zu geben, das schön und stark, zu guter Stunde erdacht, an rechter Stelle errichtet und glücklich ausgeführt wurde«, schwärmte Ivo Andric über die berühmte Brücke bei Visegrad, ein Meisterwerk osmanischer Architektur, die der aus Bosnien stammende Mehmed Pascha Sokolovic im Jahre 1571 erbauen ließ. Der zu Weltruhm gelangte Epiker Ivo Andric gilt auch als Mahner vor nationalen und religiösen Unduldsamkeiten und letztlich vor Hass und bewaffneten Kämpfen zwischen den auf engem Raum lebenden Menschen in Bosnien-Herzegowina. In seinen Romanen »Brücke über die Drina«, einer nationalen und religiösen Brückenmetapher, oder »Wesire und Konsuln«, mehr noch in seinen Erzählungen, warnte er vor dem unkontrollierbaren Hass und der Angst in dem unterentwickelten Land, in dem verschiedene Konfessionen – Moslems, orthodoxe und katholische Christen, Altkatholiken, sephardische und aschkenesische Juden und diverse Sekten – zusammengedrängt leben und zu überleben versuchen.

Ivo Andric nimmt den elementaren Ausbruch des Hasses sowie den Bürger- und Glaubenskrieg in seiner Heimat Bosnien geradezu vorweg.

Auf dieser Brücke wurden gleich zu Beginn der Kampfhandlungen zwischen Serben und Moslems hunderte Moslems erhängt. Ihre Leichen wurden in den Fluss geworfen. Sie sollten den Bürgern der stromabwärts gelegenen Stadt Foca ihr bevorstehendes Schicksal vor Augen führen und sie zur Flucht bewegen. Soviel Brutalität konnte auch Ivo Andric kaum ahnen.

Raiff Dizdarevic, vormaliger jugoslawischer Außenminister, Spross einer tonangebenden moslemischen Familie in Bosnien, den ich im März 1992 interviewte, machte aus seiner Sorge um eine zwischennationale Konfrontation keinen Hehl. Schon die Wahlen in Bosnien-Herzegowina 1991 wirkten eher wie eine Separierung in nationale Parteien, also eine Art Referendum der Moslems, Serben und Kroaten. Ebenso das positive Referendum im März 1992 über die bevorstehende Ausrufung der Selbstständigkeit der Republik Bosnien-Herzegowina. Schonungslos legte Raif Dizdarevic klar, dass diese Teilrepublik nur unter einer straffen Hand von außen ruhig bleiben würde und es in der Vergangenheit auch war. Dizdarevic, der nach langjährigem Aufenthalt in Belgrad, wo er im Staatsdienst und der Partei die Funktionsleiter hinaufgeklettert war und deshalb als serbophil galt, fürchtete, dass die Führung der bosnischen Serben auf Weisung von Milosevic den unabhängigen Vielvölkerstaat im Kleinen – Bosnien-Herzegowina – durch unmäßige Forderungen sprengen und auch vor einem Putsch nicht zurückschrecken werde. Die bosnischen Serbenführer, der Psychiater Radovan Karadzic und die Ärztin Biljana Plavsic, setzten die düstere Prophezeiung schneller um als erwartet, schon einen Monat später, im April 1992, setzten überall Kampfhandlungen ein, wobei die bosnischen Serben vorbehaltlos von der Jugoslawischen Volksarmee unterstützt, ja schnell bewaffnet wurden. Die JVA enttäuschte die Führung der Muslime, die eine neutrale Haltung oder gar eine vermittelnde Rolle erwartet hatten. Die Autorität der KP Staatspartei und der von ihnen beherrschten Organe war unerwartet schnell abgebröckelt, ja verschwunden. So Monate vorher schon in den Städtchen Livno und Duvno, wo sich moslemische Frauen in den landesüblichen Schalware (Pluderhosen) vor dem Parteihaus zusammengerottet hatten, um gegen die Polizei zu protestieren, die bei Metzgern und privaten Kaufleuten die in DM ausgeschriebenen Preise entfernten.

Das hatte sich in Gegenden in Bosnien-Herzegowina eingebürgert, aus denen besonders viele Gastarbeiter in Deutschland, Österreich und anderen westeuropäischen Ländern arbeiteten. Dass private Läden, die in DM kassierten, besser versorgt waren als staatliche, hatte die Behörden zu den unpopulären Maßnahmen veranlasst. Die Gastarbeiter brachten regelmäßig durch Boten D-Mark zu ihren Familien, die eben in dieser Währung rechneten und so unbewusst letztlich zu Vorreitern in Jugoslawien wurden. Damals kritisierten Belgrader Tageszeitungen solche Erscheinungen noch heftig, als Unterhöhlung der Dinarwährung und somit letztlich des jugoslawischen Staates. Mit der Ausrufung der Selbstständigkeit der Republik Bosnien-Herzegowina schlug auch die letzte Stunde für die KP-Parteipresseorgane, vor allem die großformatige Tageszeitung »Borba«, die noch Jahre nach dem Zweiten Weltkrieg auf Beutedruckmaschinen des »Völkischen Beobachters« gedruckt worden waren. Das Blatt »Borba«, das für die westliche Reichshälfte in lateinischer Schrift gedruckt wurde, für die östliche in kyrillischer, war das offizielle Organ des »Bundes der Werktätigen Jugoslawiens« unter Aufsicht der KP, das laut Statuten eine gesamtjugoslawische Linie zu vertreten hatte, wurde von den großserbischen Kräften in Belgrad als »Verräter Serbiens« in die Mangel genommen und mit diversen Untergriffen, wie Streichung der Zuteilung von Rotationspapier und Aufkündigung des Verteilernetzes, sowie anderen politischen Tricks und massivem Druck auf die Belegschaft letztlich gleichgeschaltet. Die in Zagreb (Agram) erscheinende »Borba« war mit der Belgrader Ausgabe nahezu spiegelgleich, ausgenommen der Landes- und der Lokalteil, ja und die Schriftzeichen. Im kroatischen Zagreb in Lateinschrift, im serbischen Belgrad in Kyrillisch! Die kroatische »Borba« verschied mit der nationalistischen Serbisierung ihrer Belgrader Schwester. Die von eigenwilligen Journalisten herausgebrachte unabhängige Nachfolgerin »Nasa Borba« (Unser Kampf), die von ihnen selbst und Gleichgesinnten in den Straßen von Belgrad vertrieben wurde, konnte sich trotz besonderer journalistischer Qualität und Information nicht lange halten.

Im Krieg in Bosnien war der erste Tote seines Berufes der bosnische Journalist KJASIF SMAJLOVIC in Zvornik an der Drina. Seitdem die Teilrepublik Bosnien-Herzegowina von Belgrad abgefallen und ihre staatliche Unabhängigkeit ausgerufen hatte, wurden die Kämpfe von Tag zu Tag heftiger. Dem Einfall gut bewaffneter, serbischer »Freiwilliger« und Einheiten der Jugoslawischen Volksarmee hatte das Land kaum etwas entgegenzusetzen. Daran änderte auch nichts der am 11. April 1992 unter Vermittlung der Europäischen Gemeinschaft zu Stande gekommene Waffenstillstand, der wie alle vorhergegangenen das Papier nicht wert war, auf dem er schriftlich vereinbart worden war, und auch nicht der knapp darauf folgende Besuch des UN-Beauftragten Cyrus Vence beim Kriegsherrn Slobodan Milosevic in Belgrad. Serbische Cetniks und diverse Banden, wie die sogenannten *tigrovi* des Konditors Raznatovic-Arkan, setzten unbeirrt ihren Kriegsmarsch und Raubzug über die Romanija in Richtung Sarajevo fort, das von putschenden bosnischen Serben und der JVA eingekreist wurde. Sie hielten es nahezu 44 Monate lang im Würgegriff. Ihre Bombardements zerstörten ganze Stadtviertel, wobei es über 10.000 Tote gab, darunter angeblich 1.800 Kinder. Die bosnische Regierung erklärte die Jugoslawische Volksarmee zur Okkupations- und Feindarmee, während Belgrad unbeirrt die zahllosen internationalen Vermittler wie Marionetten auf der Kriegsbühne tanzen ließ: den portugiesischen EG-Vermittler Jose Cutilliero, die so genannte EG-Troika, den Vorsitzenden der EG Jugoslawienkonferenz de Boussier, den UN Sonderbeauftragten Mark Goulding, den US Botschafter Warren Zimmermann, den UN Vermittler Cyrus Vence, seinen Nachfolger, den britischen Lord Carrington usf. »In ein paar Jahren haben wir doch ein Groß-Serbien«, ließ der Cetnik Wojwode Vojislav Seselj die Katze und die politischen Ziele Belgrads aus dem Sack, dessen Anhänger für Milosevic in Bosnien-Herzegowina, wie in anderen von Belgrad beanspruchten Landesteilen, die Drecksarbeit machten.

Das Belgrader Blatt »Politika«, Sprachrohr der Belgrader Führung um Milosevic, hatte schon vorher klargestellt, dass ein »neues Jugoslawien im Entstehen sei, welches neben Serbien und Montenegro die Serbischen Republiken in Bosnien und in Kroatien einschließen wird«. Dass Belgrad durch die Uneinigkeit des Westens, insbesondere durch überholte historische Großmacht-Interessen in Paris und London auf dem Balkan, noch bestärkt wurde, zeichnete sich immer klarer ab. Der vormalige britische Außenminister Douglas Hurd (1989 – 1995 an der Spitze des Foreign Office) bekennt in seinen Memoiren, dass mit der Anerkennung Sloweniens und Kroatiens durch Deutschland und Österreich in »London und in Paris die Alarmglocken klingelten«. Der französische Präsident Mitterand soll damals zu Hurd gesagt haben, dass man es mit einer Neuauflage von 1914 zu tun hätte, also Ressentiments. Nur kamen in Bosnien Strömungen und Einflüsse hinzu, die kaum mehr berechenbar waren, wie etwa die reicher arabischer Ölstaaten und eines militanten Islam, die den bedrängten Moslems mit allen Mitteln zu Hilfe kamen. Auch für einen weiteren arbeitslosen britischen Lord, David Owen, fand die UN eine Verwendung als Vermittler im Konflikt in Bosnien-Herzegowina. Immerhin wurden ihm als Salär einige hunderttausend US-Dollar ausbezahlt, obwohl auch er in seinen Memoiren eingestanden hat, den »Balkan nie verstanden zu haben«. Beiden Lords stand ihr Foreign Office näher als die Opfer am Balkan. Obwohl sich Bosnien-Herzegowina am längsten aus den Kriegswirren und bewaffneten Auseinandersetzungen heraushalten konnte und erst mit der Abspaltung der serbischen »Republika Srpska Bosna«, die aus der Drei-Ethnien-Konföderation ausscherte, in den Strudel des Zerfalles Jugoslawiens hereingerissen wurde, wurde diese Teilrepublik zum blutigsten Hexenkessel, aus dem Millionen von Zivilisten flüchten mussten und über 200.000 Tote zu beklagen waren. Dass Suchteams bis 2004 18.000 Opfer aus verborgenen Massengräbern exhumieren konnten und laut Angaben des IRK noch mindestens 16.000 weitere vermisst werden, illustriert die gnadenlosen Abrechnungen auf dem Balkan. Auch hier spielten die Medien ihre Rolle und sie wurden binnen Tagen zum begehrten Objekt aller Kriegsparteien. Die in Tito-Jugoslawien unter strenger Aufsicht der KP und der UDBA (Staatspolizei) stehenden Medien, in denen vom Direktor und Chefredakteur bis zur Putzfrau alle Stellen nach dem Parteislogan der »Brüderlichkeit und Einheit« und dem Motto »moralisch-politischer Eignung« besetzt worden waren, wussten sie mit so genannten demokratischen Freiheiten kaum etwas anzufangen, die von der EG und der UN der selbstständigen Republik Bosnien-Herzegowina verschrieben wurden. Nur wenige Wochen bemühten sich Rundfunk und Fernsehen TV Sarajevo um ein einigermaßen ausgewogenes Programm, bevor sie wie die führende Tageszeitung »Oslobodjenje« (Befreiung) vor den Karren einer nationalistischen Partei gespannt wurden. Von serbischen paramilitärischen Kräften und der JVA wurden Sender und Repetitoren handstreichartig besetzt und auf das Programm von Belgrad umgeschaltet, teils sogar schon Monate vor Ausbruch der Kampfhandlungen. Nahezu die Hälfte der Republik Bosnien-Herzegowina wurde so vom Feindsender Belgrad überlagert.

Bei der im Frühjahr 1992 mit Waffengewalt erzwungenen Übernahme des Senders auf dem Berg Vlasic wurde der Cheftechniker BAJRAM ZEMUNI während Reparaturen auf dem Sendemast mit einer Kugel wie Freiwild heruntergeholt und die übrige Belegschaft von Kämpfern des bosnischen Serbenführers Karadzic gefangen genommen. Seine Partei SDS und die Serbojugoslawische Volksarmee schufen so vollendete Tatsachen, obwohl sich bei dem Referendum vom 28.2./1.3.1992 über 64 Prozent der Befragten für die staatliche Unabhängigkeit Bosnien-Herzegowinas entschieden hatten. Bei den Feierlichkeiten zur internationalen Anerkennung der Selbstständigkeit der Republik Bosnien-Herzegowina am 5. April 1992 fielen aus dem Hotel Holiday Inn in Sarajevo, in dem das Hauptquartier Karadzics und seiner SDS war, Schüsse. Zwei junge Frauen, darunter eine unbeteiligte Medizinstudentin aus Belgrad, waren die ersten zivilen Todesopfer der nahezu vierjährigen Blockade der Hauptstadt Sarajevo. Die nationale Spaltung der Belegschaften von Fernsehen, Rundfunk und der schreibenden Medien war im Gefolge der politischen Entwicklung geradezu vorprogrammiert. Für einen professionellen Journalismus war kein Platz mehr. Die serbischen Redakteure und Techniker verließen TV Sarajevo in Richtung RTV Pale, der nur zwölf Kilometer entfernten neuen Hauptstadt, besser: dem Hauptdorf der »Republika Srpska Bosna«. Der nun leitende Redakteur von RTV Pale, RISTO DJOGO, der jahrelang mit moslemischen und kroatischen Kollegen und Kolleginnen in Sarajevo zusammengearbeitet hatte, tat sich als besonders chauvinistischer Serbe hervor und verhöhnte ungeniert die in der bosnischen Hauptstadt eingeschlossene, hungernde Bevölkerung. Er kam später unter ungeklärten Umständen ums Leben, seine Leiche wurde im September 1994 im Stausee eines Kraftwerkes im Fluss Drina bei Zvornik aufgefunden. Ob sein mysteriöser Tod mit seinen Horrormeldungen im RTV Sender Pale, wie »Serbische Kinder werden im Zoo von Sarajevo verfüttert«, hierbei eine Rolle spielten, wird wohl nie geklärt werden können.

Immer ungenierter wurde unbequemes journalistisches Freiwild aufs Korn genommen. Man wollte weder Zeugen noch Chronisten! Der kroatische Kameramann TIHOMIR TUNUKOVIC, der für BBC und

CNN arbeitete, prahlte manchmal selbstsicher in Kollegenkreisen, dass für ihn keine Kugel bestimmt sei. Bei Aufnahmen vom Exodus der vertriebenen Bewohner des Städtchens Jajce im November 1992 erreichte ihn dort der Tod durch ein Geschoss aus einem Panzer. Der Reporter des kroatischen Rundfunks, MAX MARINOVIC, wiederum wurde von Soldaten der JVA oder durch Paramilitärs entführt und nie wieder gesehen. Ungeklärt sind auch die Umstände des Todes des serbischen Rundfunkreporters ELEZ vom Radio Foca, einer Außenstelle des serbischen RTV Pale. Er starb an der Frontlinie. Ebenso der Kameramann des gleichen Senders, KOLEWSKI, der während eines Schusswechsels zwischen moslemischen und serbischen Kämpfern im letzten Kriegsjahr in Bosnien 1995 ums Leben kam. Der Tod machte unter Journalisten keine nationalen Unterschiede. Zielstrebig kreisten serbische Truppen und Paramilitärs die Hauptstadt von Bosnien-Herzegowina, Sarajevo, ein. Die Jugoslawische Volksarmee hatte sich schrittweise aus Slowenien und Kroatien nach Bosnien-Herzegowina zurückgezogen, das unter Tito zu einer Art »Alpenfestung« ausgebaut worden war. Hier lagerten ungeheure Mengen an Kriegsmaterial. Auch gab es in Bosnien-Herzegowina einige Waffenfabriken und Produktionsstätten, die schnell auf Kriegsbedarf umgestellt werden konnten. Die Armee übte auch die eigentliche Macht aus, während die bosnischen Serbenführer Radovan Karadzic, Biljana Plavsic und Momcilo Krajisnik der politischen Führung in Belgrad als Feigenblatt dienten. Jedenfalls im ersten Kriegsjahr, bevor Karadzic die Befehlsgewalt an sich reißen konnte und von den bosnischen Serben als unumschränkte Autorität anerkannt worden war. In Bugojno, wo Tito seinen letzten Bären geschossen hat, entpuppte sich ein Gästehaus der Regierung und ein modernes Hotel für »Devisenjäger« als vorsorglich bereitgestelltes Lazarett in der Alpenfestung, das mit allen medizinischen Neuheiten ausgerüstet war.

Dieses bosnisch-serbische Triumphirat führt auch die Kriegsverbrecherliste an. Die Kurzzeitpräsidentin Biljana Plavsic, eine Biologielehrerin, die sich freiwillig dem Tribunal in Den Haag gestellt hat und auch ein umfangreiches Schuldbekenntnis ablegte, wurde im Jahre 2003 zu einer Mindeststrafe von zehn Jahren Freiheitsentzug verurteilt. Sie erklärte sich bereit, gegen den »Parlamentspräsidenten« der Republika Srpska Bosna, Momcilo Krajisnik, als Zeugin auszusagen, der seit nahezu vier Jahren in Untersuchungshaft in Den Haag einsitzt. Er war von der SFOR-Friedenstruppe in Pale sozusagen als Nebenprodukt einer nächtlichen Razzia am 2. April 2000 gefasst worden, die den Serbenführer Radovan Karadzic aufspüren sollte. Er hält sich weiterhin wie sein General Ratko Mladic verborgen. In der zwischen dem UN-Tribunal und Frau Plavsic getroffenen Vereinbarung heißt es unter anderem, dass Krajisnik gemeinsam mit Milosevic, Karadzic und Mladic den Plan zur ethnischen Säuberung Bosnien und Herzegowinas beschlossen haben und mitverantwortlich für alle begangenen Verbrechen waren. Krajisnik hatte Ende 1997 in einem Interview auf die Frage nach begangenen Kriegsverbrechen eingestanden, dass »solche sein mussten«. Wofür? In einer lyrischen Anwandlung verglich er die »Republika Srpska Bosna« mit einer »16-jährigen

Schönheit, die in Kürze in den Bund serbischer Länder einheiraten würde und so die ganze serbische Familie vereint werde«.

Momcilo Krajisnik wollte 72 Prozent des Territoriums von Bosnien und Herzegowina für die dort lebenden Serben. Im Vertrag von Dayton 1995 wurden ihnen dann 49 Prozent zugesprochen, obwohl sie lediglich 30 Prozent der Gesamtbevölkerung von Bosnien-Herzegowina stellten. Die Moslems, auch Bosniaken genannt, die 43,7 Prozent, und die Kroaten, die 17,3 Prozent der Gesamtbevölkerung ausmachten, mussten sich mit dem Rest begnügen. Bei den unerbittlichen Kämpfen in und um Sarajevo kamen weitere Journalisten ums Leben. Im Juli 1992 machte der Fotoreporter SALKO HONDO im Vorort Ciglanje bei Sarajevo gerade Schnappschüsse von Menschen, die in einer langen Schlange für Wasser, Brot und Lebensmittel anstanden, als eine feindliche Granate einschlug. Das Blatt »Oslobodjenje« brachte am nächsten Tag neben der Nachricht vom Tode SALKO HONDOS eines seiner letzten Fotos mit der Überschrift: »Die Menschen in Sarajevo stehen für Wasser an«. Durch den laufenden Artilleriebeschuss der Stadt waren die Wasserleitungen stark in Mitleidenschaft gezogen worden und in mehreren Stadtvierteln gab es lediglich Brunnenwasser, oder das Wasser musste mit Tankwagen angeliefert werden. In dem im Bruderkrieg zerstörten Kongresszentrum in Sarajevo, wo in den siebziger Jahren das Filmpartisanenepos »Schlacht an der Neretwa« im Beisein Josip Broz Titos, seiner Frau Jovanka und zahlreicher, prominenter Ehrengäste uraufgeführt wurde, applaudierte spontan der verdunkelte Saal Hardy Krüger in der

Uniform eines Offiziers der Deutschen Wehrmacht. Er hatte bei strömendem Regen zögernde kroatische Offiziere und Soldaten zum Angriff getrieben, mit den Worten: »Und wenn es Scheiß regnet ...«, was einmal mehr den Respekt vor dem deutschen Gegner und Verachtung für die Kroaten zeigte. Den nahezu eingekreisten Tito-Truppen war es mit einer weiteren Kriegslist wieder gelungen, der Umklammerung zu entkommen. Sie sprengten die einzige Eisenbahnbrücke über die Neretva und täuschten so ihre Verfolger über die Richtung ihrer Flucht. Der kommandierende deutsche General auf Zelluloid, Curd Jürgens, führte die Offensive auf die gelegte Spur, während mehrere tausend Tito-Soldaten mit ihren Verwundeten auf wackligen Notstegen den reißenden Fluss überquerten und in der unzugänglichen Weite der Herzegowina verschwanden.

SIND JOURNALISTEN FREIWILD?

»Keine Story ist den Tod eines Journalisten wert«, stellte der Präsident von CNN International Network dezidiert fest.

Der ARD-Vorsitzende Fritz Pleitgen forderte wiederum die Sicherheit von Journalisten, die aus Krisengebieten berichten, zu verbessern und sie »mit einem international anerkannten Sonderstatus auszustatten, vergleichbar mit dem Roten Kreuz«. Ob sie wohl eine Art Armbinde tragen sollten oder ob ein solcher Sonderstatus wohl genügen würde, von den Kriegsparteien geachtet zu werden? Die stetig steigende Zahl von Todesopfern unter Journalisten, die ihren beruflichen Aufgaben und wohl auch Aufträgen nachkommen, zwingt zu solchen Überlegungen. Nach Meinung des Programmdirektors von Deutschlandradio Berlin, Günter Müchler, wäre dafür »Sorge zu tragen, dass nur noch solche Reporter in Kriegsgebiete entsandt werden, die eigens dafür ausgebildet und vorbereitet sind. Dies geschieht in Zusammenarbeit mit der BBC und in Kooperation mit der Bundeswehr, die spezielle Trainingsprogramme in Hammelburg organisiert«, und in Übereinstimmung mit der gesamten ARD (Arbeitsgemeinschaft der Rundfunkanstalten Deutschlands), in der die Sender aller Bundesländer zusammengefasst sind.

Auch in der Chefetage des ORF in Wien ist man um die Sicherheit von Korrespondenten besorgt und mit der exponierten Lage in Krisengebieten befasst. Informationsdirektor G. Draxler und Chefredakteur W. Mück wollen sich für eine übergreifende Aktion europäischer Rundfunk- und TV-Anstalten – auch auf politischer Ebene – zum Schutz von Journalisten einsetzen. Ähnlich wie bei CNN, ARD, ZDF werden ORF-Korrespondenten, die aus Krisengebieten berichten, mit schusssicheren Westen, Helmen, gepanzerten Limousinen, Versicherung psychischer Nachbetreuung (sofern notwendig) versorgt. Auch zum Selbstschutz finden beim »Jagdkommando« in Wiener Neustadt Kurse statt. Prinzipiell werden Berichterstatter erkennbaren Gefahren aber nicht ausgesetzt. Lieber wird auf noch so interessante und exklusive Berichte im Programm verzichtet. Man hat also gewisse Konsequenzen gezogen, obwohl von einer gemeinsamen Aktion europäischer Rundfunkanstalten bisher nichts bekannt wurde. Auch nicht von einem Vorstoß einer Regierung, etwa bei den Vereinten Nationen oder der Europäischen Union für einen Schutz gewährenden »Sonderstatus« für Kriegsberichterstatter. Bei der UN in New York ist eine Dienststelle mit solchen Fragen befasst, auch bei der OSZE in Wien gibt es seit knapp einem Jahrzehnt einen Medienbeauftragten, der für den Schutz von Journalisten mit Petitionen und Mahnungen bei diversen Regierungen eintritt, in deren Ländern gewaltsame Veränderungen vor sich gehen. Natürlich auch für die Wahrung von Pressefreiheit und Medienfreiheit.

Eine Namensliste der in den Kriegen im jugoslawischen Raum ums Leben gekommenen Journalisten, Bildberichterstatter, Kameramänner, Pressefotografen etc. liegt bei diesen Behörden und Institutionen allerdings nicht auf. Tote Journalisten interessieren nur noch in Statistiken der internationalen Organisationen, die mit viel öffentlichen Geldern unterhalten werden, ansonsten nicht mehr. Die nahezu täglichen Verlustmeldungen über Journalisten, die im Krieg im Irak und in Afghanistan ihr Leben verloren haben, werden gerade noch in den Medien registriert. In kommunistischen Ländern, auch in Tito-Jugoslawien, hatten Fahrzeuge akkreditierter Journalisten/Korrespondenten in Friedenszeiten Kennzeichen, die sich von den landesüblichen deutlich unterschieden. Gelbe Buchstaben und Zahlen auf schwarzem Untergrund, mit einem P für Presse, zum Beispiel BG 44-P-01, während jugoslawische Autofahrer ein Kennzeichen mit schwarzen Zahlen auf weißem Untergrund führten. Auf meine Anfrage im jugoslawischen Informationsministerium, weshalb ausländische Journalisten/Korrespondenten am Auto besondere Kennzeichen hätten, erklärte man mir: »Zu ihrem besonderen Schutz!« Dass diese wirklich Schutz oder Vorteile gesichert hätten, war kaum feststellbar. Jeder Dorfpolizist und auch Grenzbeamter hatte dagegen aber das Auftauchen eines Pressefahrzeugs sofort seiner vorgesetzten Dienststelle zu melden, welche die Meldung umgehend an die zuständige Stelle im Innenministerium weiterleiteten. Der »große Bruder« war also immer im Bilde! Dass er bei jedem Telefongespräch mitlauschte, Tonaufnahmen auf Band mitschnitt und auch Übermittlungen per Telex verfolgte, war kein Geheimnis. In Russland sind auch weiterhin Fahrzeuge von Korrespondenten mit dem Buchstaben X (Journalist) zu erkennen. Eine russische Firma Ploton Protective Services bietet jetzt Kriegsberichterstattern an, ihnen die »Kunst des Überlebens und des Schützens in Kursen beizubringen, um sich in lebensbedrohenden Situationen richtig zu verhalten. Der Kurs und das Training findet auf einer »Trainingslocation« in St. Petersburg statt. Die Trainer sind »hochrangige Offiziere der russischen Special Forces – Spetnatz«, heißt es in einschlägigen Annoncen. An der Opferbilanz der Journalisten hat sich deshalb kaum etwas geändert, lediglich die Länder und Kontinente sind andere. Die Umstände und die Art und Weise ihres Todes sind überall gleich, ob in Bosnien, im Kosovo, im Kaukasus, in Afghanistan, in Sierra Leone, in Kolumbien, im Irak ... durch die Kugel eines Scharfschützen, den Feuerstoß aus einer Kalaschnikow, in einem Granaten- oder Bombenhagel, unter den Schüssen eines Hinrichtungskommandos oder bei einem feigen Raubüberfall. Aber auch Journalistinnen sind immer häufiger unter den Opfern. Ist die Wahrscheinlichkeit als Krisenreporter bei der journalistischen Arbeit getötet zu werden, vielleicht höher als die für Angehörige der kriegführenden Parteien?

Letztere genießen wenigstens den Schutz der Genfer Konvention, oder sollten diesen theoretisch genießen. Journalisten, TV-Kameramänner und Pressefotografen sehen sich dagegen zunehmender

Gewalt und Rücksichtslosigkeit ausgesetzt, ja sie scheinen geradezu bevorzugte Ziele zu sein.

Alleine in den Kriegen im jugoslawischen Raum, von Slowenien bis Kroatien, Bosnien-Herzegowina, den Randgebieten Serbiens und im Kosovo, büßten bis 1999 nahezu 60 Journalisten ihr Leben ein. Im Jahre 2000 verloren laut einer Aufstellung von »Reporter ohne Grenzen« in Paris weltweit 32 Journalisten ihr Leben, im Jahre 2001 waren es mindestens 31, im Jahre 2002 nach unvollständigen Recherchen über 51! Im Jahre 2003 wurden laut dem Weltverband der Zeitungsherausgeber 53 Journalisten getötet. Davon 15 im Irak, 7 auf den Philippinen und 6 in Kolumbien. Kräftig angestiegen ist die Zahl der Bedrohungen, Erpressungen und Entführungen von Journalisten: von 510 im Jahre 2000 auf 716 im Jahre 2001. Im Jahre 2003 waren 134 Journalisten in Gefängnissen, davon 39 in China, 29 in Kuba, 17 in Eritrea und 10 in Burma. Viele Journalisten werden in Gefängnissen unter unvorstellbar grausamen Umständen festgehalten. »Reporter ohne Grenzen« berichten vom Fall des Reporters MYO MINI NYEIN in Birma, der seit über zehn Jahren in Haft ist und acht Monate in einem Hundezwinger eingepfercht war. Fällt ein Journalist gar religiösen Terroristen in die Hände, findet er kaum Gnade. Der Fall des amerikanischen Reporters DANIEL PEARL (40), Korrespondent des »Wall Street Journal«, zeigt die abscheuliche Unbarmherzigkeit von Terroristen auf. Er wurde bei Recherchen über den »britischen Schuhbomber« Richard Reid (der im Dezember 2001 ein Flugzeug in die Luft gejagt hatte) in Karachi von Al Qaiada-Aktivisten im Januar 2002 in eine

Falle gelockt und nur wenige Tage später auf grausamste Weise ermordet. Vor laufender Kamera wurde ihm die Kehle durchgeschnitten. Ein Video von der Hinrichtung DANIEL PEARLS wurde dann seiner Witwe Mariane (38) zugespielt, die im achten Monat schwanger war. Seine Leiche wurde geschändet, zerstückelt aufgefunden und dann in die USA geflogen. Die Entführer blieben von den vielen Appellen angesehener internationaler Institutionen und höchster Persönlichkeiten, so des Weißen Hauses, dem entführten Journalisten nichts anzutun, unbeeindruckt. Seine junge Witwe, ebenfalls Journalistin, die holländisch-kubanischer Abstammung ist, erklärte im »Spiegel«, dass Terroristen »symbolische Ziele« treffen wollen. »Sie töten den Lebenswillen. Sie morden die Sehnsucht«, schreibt sie in ihrem Buch »Ein mutiges Herz«, in dem sie die Hintergründe des Dramas von Karachi in Pakistan ausleuchtet. Von zahlreichen Misshandlungen, Folterungen, kurzzeitigen Inhaftierungen, Verhören und Einschüchterungsversuchen zu schweigen. Wie also Journalisten schützen, die aus gefährlichen Regionen berichten? Dass Berichte und Meldungen aus solchen einen besonderen Nachrichtenwert haben, liegt auf der Hand. Auch für den Hörer und Leser oder TV-Zuschauer, da Berichte vor Ort einen gewissen Reiz haben. Der Kriegsberichterstatter, Kameramann, Pressefotograf achtet von sich aus schon auf Sicherheit, so etwa durch das Tragen einer kugelsicheren Weste, eines Stahlhelmes und ganz allgemein durch besondere Vorsicht. Die Kriegsberichterstatter sind auch meist erfahrene Journalisten. Während meiner journalistischen Tätigkeit in den Kriegen im jugoslawischen Raum kam ich trotzdem in kritische Situationen, deren Gefährlichkeit mir zum Glück erst später dämmerte. Obwohl etwa ein Dorf feindfrei gemeldet wurde und dort auch nicht mehr gekämpft wurde, fielen plötzlich wieder Schüsse aus einer unerwarteten Richtung, und da gab es nichts anderes, als eben schleunigst hinter der nächsten Hausecke oder in einem Graben Deckung zu suchen, oder wie ein Soldat durch den Dreck zu robben. In Europa werden Journalisten, die aus Krisengebieten berichten, von ihren Rundfunk- und Fernsehanstalten, Nachrichtenagenturen zusätzlich versichert. Auch potente Verlagsanstalten tun dies, aber bei weitem nicht alle. Printmedien vertreten oft die Meinung, Berichterstatter sollten das Risiko selbst tragen. Gewissenlose Verleger drücken sich um die Verantwortung für ihre Berichterstatter, deren Storys oft die Schlagzeilen und Aufmacher der Blätter liefern und so Auflagen und den Verkauf steigern.

Man will also Geld sparen! Von einem entsprechenden Training oder Schulung für Berichterstatter ist kaum etwas bekannt. Hier beschreitet der US Nachrichtensender-CNN neue Wege. 500 Mitarbeitern wurde im Jahre 2000 ein Training für den Einsatz in feindlicher Umgebung ermöglicht, 200 ein Überlebenstraining bei Angriffen mit chemischen und biologischen Kampfstoffen. Das kostet CNN nach eigenen Angaben etwa eine Million US Dollar. Dass diese nicht aus reiner Menschenfreundlichkeit, vielmehr mit Blick auf den bevorstehenden Krieg im Irak investiert wurden, drängt sich auf.

Überdies wurden die CNN-Mitarbeiter mit einer entsprechenden Ausrüstung ausgestattet. Dass sich so kostspielige, vorbeugende

Maßnahmen nur finanzstarke Unternehmen leisten können, wird jeder Berichterstatter für andere Medien verstehen. Wird aber auch der Verleger oder Manager für die Probleme seiner Berichterstatter Verständnis aufbringen? Für den Unternehmer oder Verleger zählt in erster Linie der finanzielle Profit seines Produktes, was nur bedingt mit den Interessen und dem subjektiven Sicherheitsempfinden des Berichterstatters in Einklang zu bringen ist. Für einen freien Mitarbeiter wird vom Unternehmer meist noch nicht einmal ein Krankenkassenbeitrag oder eine Versicherung aufgebracht. Dem Berichterstatter drohen aber auch noch andere Unannehmlichkeiten oder Gefahren. In den Redaktionen von Printmedien werden häufig Meldungen und Informationen von anderer Seite in Berichte des Korrespondenten hinzugefügt, für die er letztlich gerade stehen muss und die ihn gerade in Kriegszeiten in Gefahr bringen können. Von reißerischen Schlagzeilen, die den Verkauf fördern sollen, einmal abgesehen. So etwa berichtete ein Reporter der angesehenen amerikanischen Zeitschrift »News Week«, dass trotz seiner Bitte, seine Verhaftung durch serbische Soldaten im Kosovokrieg nicht zu publizieren, diese vom Blatt groß herausgebracht wurde, was ihm in Belgrad alle Türen verschlossen hat, und ihn letztlich bewog, die Berichterstattung abzubrechen und das Land zu verlassen.

Sich bei Drohungen und in Gefahrenmomenten schleunigst abzusetzen bleibt meist die einzige Möglichkeit. Ebenso bei Ausweisungsbefehlen. Im Jahr 1991 drängte die Belgrader Führung mit allen Mitteln auf einen Sieg. In einer Zangenbewegung traten die Jugoslawische Volksarmee und serbische Freiwilligenverbände von Slawonien bis zur Adria in Richtung Westen zur Offensive an. Während sie im Süden von Montenegro entlang der Küste auf Dubrovnik vorstürmten und das Weltkulturerbe rücksichtslos unter Beschuss nahmen, kam dort der Fotoreporter PAVO URBAN des Lokalblattes »Dubrovacki Vjesnik« Anfang Dezember 1991 ums Leben. URBAN war künstlerischer Fotograf, wollte aber die Zerstörungen seiner Vaterstadt, wo er aufgewachsen war, in einer Fotodokumentation für die Nachwelt festhalten. Ob er durch die Kugel eines Scharfschützen als journalistisches Freiwild in der Nähe des Hotels Argentina, wo die Front ungefähr verlief, oder durch Grananten jugoslawischer Kriegsschiffe, die von See her die Stadt beschossen, umgekommen ist, blieb ungeklärt. Der Korrespondent der »Rheinischen Post«, Wolfgang Kuballa, der von dort berichtete, erinnert sich, dass auch zahlreiche Zivilisten gefährdet waren, insbesondere in der Nähe der Marinas und Anlegestellen der »Weißen Flotte«, die im Frieden zehntausende fröhliche Urlauber nach Dubrovnik brachte. Der kommandierende Admiral der jugoslawischen Kriegsmarine, Gostic, wurde für den feigen Überfall auf die Zivilbevölkerung Dubrovniks und die mutwillige Zerstörung der Stadt 2004 vom Haager Tribunal zu zehn Jahren Gefängnis verurteilt.

Bei der Strafbemessung wurde berücksichtigt, dass er sich freiwillig dem Gericht gestellt hatte, in der Erwartung und Hoffnung, einschlägige Gesetze der Kriegführung beachtet zu haben, was nach Meinung seiner Richter aber nicht der Fall war, da die Kriegsschiffe unter dem Kommando Admiral Gostics eine offene Stadt bombardiert hatten, in der es keine militärischen Anlagen gab.

Mit den stolzen Bürgern von Dubrovnik hatte man wohl noch eine Rechnung aus dem 2. Weltkrieg offen. Sie verhielten sich während der Kriegsjahre völlig ruhig und leisteten den Partisanen Titos keine Hilfe oder Unterstützung. Sie übergaben ihre von italienischen Schwarzhemden besetzte Stadt erst den Partisanen Titos – vorwiegend Montenegrinern, als der Ausgang des Krieges endgültig feststand. Vorher gestatteten sie noch den Abzug der Garnison der Schwarzhemden über die Adria nach Italien, wo sie sich der US-Army ergaben, was den Kommandostab der Tito-Armee besonders erboste.

Tito boykottierte auch Jahrzehnte Dubrovnik und lehnte den Besuch der Stadt ebenso ab wie den Besuch einer ihm dort zur Verfügung gehaltenen Residenz, der »Villa Sheherezade«. Sie besuchte er bestenfalls auf Durchreise erst in seinen letzten Lebensjahren. Die Villa war in der Zwischenkriegszeit von einem reichen jüdischen Kaufmann aus dem Libanon für seine Frau erbaut worden, in orientalischem Stil. Terrassenförmig angelegte Gärten, die zur blauen Adria hin abfielen, erinnern an die Königin Semiramis. Die am östlichen Stadtrand von Dubrovnik gelegene Villa blieb während der Belagerung der Stadt und dem Artilleriebeschuss von See her, nahezu unbeschädigt.

Ein montenegrinisches Blatt berichtete Jahre nach dem Angriff auf Dubrownik, dass Gerichte in Poderica (vormals Titograd,) der Hauptstadt von Montenegro, mehrere Plünderer zur Verantwortung gezogen haben. Ein Freiwilliger, der im Seebad Cavtat bei Dubrovnik das Lager einer slowenischen Firma ausgeräumt hatte und 13 Kühlschränke als Kriegsbeute an seine Sippe in den Schwarzen Bergen verschenkte, verantwortete sich mit den Worten »*Na pusku*« (mit dem Gewehr) habe er die Kühlschränke erobert, was offenbar nach alter montenegrinischer Sitte und Gewohnheitsrecht als ehrenvoll galt.

Aktionen und Aufstände serbischer Aktivisten oder Putschisten brachen völlig unerwartet in Städten und Dörfern mit ethnisch gemischter Bevölkerung aus. So wurde ich in Pakrac, 50 Kilometer östlich von Zagreb, überrascht, als ich eine Abkürzung zur Autobahn nach Belgrad nehmen wollte, und geriet zwischen die Fronten bei der Durchfahrt durch das Städtchen. Auf der Hauptstraße, die einem lang gezogenen Dorfplatz ähnelte, waren Panzer der Jugoslawischen Volksarmee vor der serbisch-orthodoxen Kirche und dem Sitz des Bischofs aufgefahren, auf der gegenüberliegenden Seite hatten eilig mobilisierte Männer der Kroatischen Nationalgarde mit abenteuerlicher Bewaffnung, wie Karabiner 98 k der Deutschen Wehrmacht aus dem letzten Weltkrieg, ja auch so genannte *Partisanke,* die Titoanhänger erzeugt hatten, als sie die Waffenfabrik in Uzice für einige Tage im Jahre 4 besetzt hatten, Stellung bezogen. Die meisten Männer waren in Zivil, nur an Armbinden als Nationalgardisten erkennbar. Anlass für diese Konfrontation war die nächtliche Flucht von 30 bis 40 serbischen Polizisten unter Mitnahme aller Waffen aus der örtlichen Polizeistation zu einem unweit gelegenen Übungsgelände der JVA. Nachdem ich die Straße zwischen den Frontlinien glücklich hinter einem Sanitätsfahrzeug passiert hatte, ohne dass ein Schuss gefallen war, kehrte ich in einem Bistro ein, um mit einem Espresso meinen Schrecken herunterzuspülen. Der Wirt, ein Serbe, schleppte einen alten Folianten an, in dem er mir eine Stelle zeigte, auf der geschrieben stand, dass die Kaiserin Maria Theresia den serbischen Siedlern gleiche Rechte wie der kroatischen Bevölkerung versprochen hatte. Im Laufe des Gespräches erfuhr ich auch, dass das städtische Krankenhaus von beiden Seiten als neutraler Boden respektiert wurde und auch beide Seiten ihre Verwundeten dorthin brachten, was die Absurdität der Situation ebenso klärte wie meine unbehelligte Durchfahrt.

Den kroatischen Polizisten, die mich noch dazu bei einem serbischen Wirt überraschten, konnte ich meine Unbefangenheit als Journalist nur mit Mühe klarmachen.

In die Kriegshandlungen wurden aber auch Garnisonen der JVA in rein kroatischen Gebieten und Städten hineingezogen. Da sie meist von der schnell mobilisierten Kroatischen Nationalgarde in ihren Kasernen eingeschlossen wurden und ihre Kräfte zu Ausfällen zu schwach waren, schossen sie mit schweren Waffen wahllos in die Städte. Meist in einem durch die Gebäude eingeschränkten Winkel, sodass nur bestimmte Straßenzüge oder Häuserblocks bombardiert werden konnten, die keinerlei strategischen oder taktischen Wert hatten. Es ging also nur darum, Terror zu verbreiten. Der Kommandant der Garnison Varazdin, General Trifunovic, der dem sinnlosen Befahl des Generalstabes in Belgrad, »serbische Bürger« zu beschützen, die es in der rein kroatischen Stadt gar nicht gab, und einen Aufruhr gegen die kroatische Regierung anzuzetteln, nicht Folge leistete, wurde von einem Belgrader Militärtribunal zu einer hohen Gefängnisstrafe verurteilt. Dass er mit dem kroatischen Bürgermeister von Varazdin den freien Abzug seiner über 400 Soldaten, vorwiegend junger Rekruten, vereinbarte und so ein drohendes Blutbad verhinderte, wurde ihm als Verrat ausgelegt. Vor dem Abzug wurden noch die meisten Waffen unbrauchbar gemacht. Dass die kroatischen Belagerer sich mit der Einschließung der Garnison begnügten, dürfte ursächlich ihr Unvermögen gewesen sein, die Kaserne zu stürmen.

Ein Schwerpunkt der ersten, großen Offensive der serbisch geführten JVA im September 1991 war die 60 Kilometer südlich von Zagreb gelegene Stadt Petrinje. Der ORF-Korrespondent Friedrich Orter wurde mit seinem Team so Zeuge der systematischen Vertreibung der kroatischen Einwohner der Stadt. Die Aktion lief nach bewährtem Muster ab. Zuerst wurde die Stadt mit schweren Waffen aus den Kasernen der JVA beschossen, was bereits zahlreiche Menschenleben und Verletzte gefordert hatte. Schließlich verwickelten so genannte serbische Freiwilligenverbände die kroatische Polizei und Zivilisten in Straßenkämpfe, was unter der Zivilbevölkerung Panik auslöste. Der Journalist PIERRE BLANCHET, der für das Magazin »Nouvel Observateur« berichtete, kam hierbei ums Leben. Eine Tretmine war sein Verhängnis. Von welcher Seite sie verlegt worden war, blieb offen. Dass Tretminen international geächtet waren, hatte sich auf dem Balkan offenbar noch nicht herumgesprochen. Mit in den Tod gerissen wurde am gleichen Ort und Tag, dem 19. September 1991, der Schweizer Rundfunkjournalist DAMIN REUDIN, der das Kriegsgebiet für den Sender »Radio Swiss Ramande« bereiste. Knapp einen Monat später, am 1. Oktober 1991 kam der kanadische Fotoreporter PETER BRYSKY der Associated Press/London bei der Stadt Karlovac südlich von Zagreb ums Leben. Laut Recherchen des kroatischen Journalistenverbandes dürfte er das Opfer eines Scharfschützen auf journalistisches Freiwild geworden sein. Bei der über ein Jahr lang belagerten und umkämpften Stadt Karlovac büßte im September 1992 der kroatische Journalist TOMICA BELAVIC, vom Jugendprogramm Radio Karlovac während eines Bombardements sein Leben ein.

Die Vorstöße der JVA und serbischer Kämpfer folgten dem von Ultranationalisten in Belgrad ausgegebenen Motto, dass Kroatien auf eine »Größe« zurechtgestutzt werden sollte, deren Grenzen von den Türmen des Zagreber Doms aus zu sehen wären, also nahezu 400 Kilometer weit von der Staatsgrenze Serbiens in Richtung Westen entfernt. Oder wie der Cetnikführer Vojislav Seselj drohte, Zagreb auf die Grenzen des Bistums zu stutzen. In den maßlosen Forderungen blitzt der Hass durch, der sich über Jahrzehnte aufgestaut hatte. Der serbisch-kroatische Gegensatz hat tiefe Wurzeln, die bereits in dem gemeinsamen Königreich der »Serben, Kroaten und Slowenen« nach 1918 und noch stärker in dem vom serbischen König Alexander umbenannten »Königreich Jugoslawien« ab 1929 zum Ausdruck kamen. Die Enttäuschung der Kroaten über die Ungleichheit im gemeinsamen Vielvölkerstaat und über den serbischen Vorherrschaftsanspruch förderte ihr Bestreben nach Unabhängigkeit, steigerte aber die Abneigung und Wut Serbiens. In einer amtlichen Darstellung des Informationsministerium der Sozialistischen (Teil-)Republik Kroatien heißt es: »Unter dem Regime des alten Jugoslawien wurden die sozialen und nationalen Schwierigkeiten der südslawischen Länder nur verschärft.« Die Teilrepublik Kroatien kam aber auch im sozialistischen Jugoslawien Titos nicht zur Ruhe. Im Gegenteil, Titos Partisanenkrieg gegen den 1941 ausgerufenen Freistaat Kroatien an der Seite des 3. Reiches hatte tiefe Wunden hinterlassen. Tito strafte Kroatien und lehnte selbst einen Besuch in Zagreb Jahrzehntelang ab. Der siegreiche Marschall konnte nicht verwinden, dass seine Partisanenheere die kroatische Hauptstadt Zagreb nie erobern konnten und ihm diese bis zuletzt Widerstand geleistet hat. Noch heute erinnert eine »Straße des 8. Mai« in Zagreb daran, dass Titos Partisanen erst nach Ende des 2. Weltkrieges dort einmarschieren konnten, wo wiederum das Andenken an 120.000 Soldaten der Armee des Freistaates Kroatien hochgehalten wird, die von den Briten aus Kärnten an die Tito-Armee ausgeliefert wurden und großteils nie wieder bei ihren Familien eingetroffen sind. Hinzu kommt, dass die »Römisch-katholische Kirche Kroatiens« die einigende Klammer der sehr unterschiedlichen Provinzen im Lande von Dalmatien bis Slawonien war und ist, in natürlicher »Konkurrenz« zur »Orthodoxen Kirche Serbiens«. Die beiden Identität stiftenden »Nationalkirchen« stehen einander nach wie vor unversöhnlich gegenüber. Das slawische Kroatien hat im westlichen Kulturkreis und in Europa während der mehr als 1.100-jährigen Zugehörigkeit tiefe Wurzeln geschlagen, während das östlich der Grenzflüsse Save und Drina gelegene Serbien über vierhundert Jahre unter osmanischer Herrschaft und so byzantinisch-islamischen Einflüssen ausgesetzt war.

In Petrinja versuchte der kommandierende serbische General Axentijevic auf einer eiligst arrangierten Pressekonferenz im Kasernengelände die von Belgrad ausgegebene Parole von der »Verteidigung des Vielvölkerstaates Jugoslawien« zu verkaufen, obwohl augenfällig war, dass ethnische Säuberungen, das heißt die Vertreibung der kroatischen Bevölkerung aus den Gebieten, die Belgrad als serbische reklamierte und annektieren wollte, das eigentliche Kriegsziel waren. Dass das ORF-Team die Vertreibung und die toten Opfer in den Straßen der Stadt Petrinja im Film festhielt, wurde dem Teamchef Orter als »Inszenierung eines Angriffes der JVA im Auftrag der österreichischen Regierung« angelastet. »Ein bewusster Unsinn und Lüge«, erklärte uns Friedrich Orter.

Ihm war auch befohlen worden, dass »serbische Gebiet« binnen 24 Stunden zu verlassen. Dass das vom ORF-Team gefilmte Material auch vom kroatischen Fernsehen und von CNN übernommen und gesendet wurde und so die Absichten und Methoden der JVA weltweit entlarvt wurden, hatte den Zorn des serbischen Generals Axentijevic auf den ohnehin als kroatienfreundlich geltenden ORF noch gesteigert.

Austausch von Filmmaterial zwischen Sendern ist gängige Praxis. Auch die ORF-Korrespondentin Claudia Neuhauser war auf ihrer Reportagereise in Banja Luka in Bosnien im Frühjahr 1992 von serbischen Militärs festgenommen und mehrere Stunden unter der Anschuldigung der »Spionage« verhört worden. Sie hatte mehrere jugoslawische Soldaten in den Straßen der Stadt interviewt.

»Auf rüdeste und in extrem unfreundlicher Weise wurde ich verhört«, erinnert sie sich. In der Stadt Banja Luka, wo eine aufgeladene, aggressive Atmosphäre herrschte, war ihr Team sogar beschossen worden. Bedrohlich war die Situation insbesondere für ihre aus Bosnien stammende Producerin und Dolmetscherin, die die serbischen Militärs nicht freilassen wollten. Auch ihr angemieteter Kameramann, ein gebürtiger Perser, musste als Moslem das Schlimmste befürchten, sollte er aufständischen Serben in die Hände fallen. Auf Frau Neuhausers mutige Erklärung: »Entweder gehen wir alle oder wir bleiben alle«, bequemten sich die serbischen Militärs letztlich das gesamte Team unter wüsten Beschimpfungen und Drohungen freizulassen. Das begab sich dann schleunigst auf noch freies kroatisches Gebiet und konnte so den um sich greifenden Kampfhandlungen im bosnischen Raum ausweichen.

Gegen Überraschungen war man als »Kriegsberichterstatter« nicht gefeit. Auf der Fahrt von Banja Luka (Bosnien) nach Belgrad (1994) vernahm ich auf der miserablen Landstraße mehrere Schläge, wohl vom Schotter oder von Steinschlag. Erst in Belgrad entdeckte ich zwei Einschüsse in der hinteren Tür meines Wagens. Wer, wo und weshalb auf mich geschossen hatte, blieb ein Rätsel. Die Kennzeichnung als Pressefahrzeug nutzte kaum, lediglich der von den UN-Truppen ausgestellte Presseausweis UNPROFOR wurde bei den zahllosen Kontrollen und Straßensperren respektiert.

In eine höchst kritische Situation geriet im Dezember 1994 unversehens die Spiegelkorrespondentin Renate Flotau auf dem Weg in Richtung Knin in der aufständischen »Republika Srpska Krajina«. Nach Sisak musste sie ihr Fahrzeug verlassen und zu Fuß die Kontrollstelle eines spanischen UNPROFOR-Bataillons passieren. Noch bevor sie bei der Grenzkontrolle der Krajinaserben eintraf, in etwa einem Kilometer Entfernung, wurde sie von einer Horde Männer gestellt, die mit Rufen »*Hej Nemica*« ihrer Wut auf alles Deutsche mit einer ihr ins Kreuz gestoßenen Kalaschnikow Nachdruck verliehen. In einem zerschossenen Fabrikgelände wurde sie einem rabiaten Verhör unterzogen und bedroht. Die finsteren Gesichter der schwer bewaffneten Männer, die nichts Gutes verhießen, verklärten sich, als Renate Flotau in ihrer Todesangst ein Foto aus ihrer Tasche kramte, das sie mit dem berüchtigten Serbengeneral Ratko Mladic zeigte. Mit einem dargebotenen Schluck aus einer Slibowitzflasche suchten die Krajinaserben Versöhnung, was zeigt, wie nah in den Kampfgebieten Tod und Gastfreundschaft nebeneinander lagen. »Seither halte ich das zerfledderte Foto von Maldic als eine Art Talisman in Ehren«, räumt die Spiegel-Korrespondentin heute launisch ein, die wie viele andere Kollegen, die als »Kriegsberichterstatter« unterwegs waren, noch oft das Gefühl beschleicht, durch das Fadenkreuz eines Heckenschützen beobachtet zu werden.

Der einmal aufgepeitschte Hass war offenbar auch nicht durch viele Friedensabkommen in Zaum zu halten oder zurückzufahren. Das zeigt das tragische Schicksal des serbisch-bosnischen Herausgebers der

»Nezavisne novine« (Unabhängige Zeitung) in Banja Luka, in der größten Stadt der »Republika Srpska Bosna«, in der die Präsidentin Biljana Plavsic (2003 in Den Haag zu 15 Jahren Freiheitsstrafe abgeurteilt) residierte, während der eigentliche Machthaber der bosnischen Serben, Radovan Karadzic, vom Dorf Pale aus regierte. Ganz gegen den Trend gleichgeschalteter, im Sinne der Macht berichtender serbischer Journalisten und des von ihnen verherrlichten »Freiheitskampfes« spießte ZELKO KOPANJA in seinen Beiträgen und Kommentaren auch von serbischer Seite begangene Kriegsverbrechen und Gräuel an Nichtserben auf, insbesondere während der Vertreibungsaktionen von moslemischen Frauen und Kindern, auch der Kroaten, aus Banja Luka und der ethnisch gemischten Umgebung. Die Vergeltung kam prompt! Die Nachrichtenagentur Reuters meldete am 22.10.1999: »Als Zelko Kopanja nichtsahnend seinen vor dem Haus abgestellten VW bestieg und startete, explodierte eine unter dem Wagen angebrachte Höllenmaschine. Sie verletzte ihn schwer und riss ihm beide Beine ab! Eine Notoperation und Amputation rettete ihm das Leben. Mehrere Monate verbrachte er im Krankenhaus. Der 45-jährige Journalist und Herausgeber ließ sich von den feigen Attentätern aber nicht entmutigen, die wohl gehofft hatten, den unbequemen Mahner zum Schweigen und ein journalistisches Freiwild erlegt zu haben. Nach Rekonvaleszenz fuhr der Invalide in seinem Wägelchen demonstrativ durch die Fußgängerzone und die Hauptstraßen von Banja Luka, hämischen Blicken seiner Feinde zum Trotz, aber auch von Freunden und Sympathisanten herzlich begrüßt und gefeiert. Dabei kündigte er an, wenn er schon so viel opfern musste, werde er auf gleiche Art und Weise seine journalistische Arbeit fortsetzen, nur seinem Gewissen treu!«

Bei soviel Mut und Entschlossenheit war Hilfe der freien Welt für die zarte Pflanze Pressefreiheit von Nöten. Die Foundation George Soros und die US-Agentur für Internationale Entwicklung (USAID) leisteten finanzielle Hilfe, und lieferten auch Rotationspapier. »Nezavisne novine« in Banja Luka ist unterdessen zur auflagenstärksten Zeitung in der »Republika Srpska Bosna« geworden und setzt objektive Maßstäbe in Informationspolitik. Mit dem mutigen Journalismus drängt das Blatt selbst die Regierung zum verspäteten Einbekenntnis einer gewissen Mitschuld an den Massenmorden von Srebrenica, wo bekanntlich von den Truppen des berüchtigten Generals Ratko Mladic bald 8.000 moslemische Männer und Jungen ermordet wurden. Und das in einer minutiös geplanten Aktion.

In dem von serbischen Truppen 1992 umzingelten Städtchen Srebrenica hatten über 40.000 Menschen aus der Umgebung Zuflucht gesucht, was zu einer katastrophalen Hungersnot führte. Mit Abwürfen von Lebensmitteln und Medikamenten aus amerikanischen »Hercules«-Maschinen konnte sie kaum gelindert werden, da die Belagerer eine Versorgung durch die UNHCR auf dem Landweg verhinderten. Auch wenn Srebrenica mit den UN-Resolutionen 819 (vom 16.4.1993) und 936 (vom 4.6.1993) zur UN-Schutzzone erklärt wurde, konnte es mit 450 Mann eines holländischen UN-Battailons bestenfalls symbolisch abgesichert werden. Zwischen dem 11. und 16. Juli 1995 überrannten Einheiten der Serbisch-bosnischen Armee und der Jugoslawischen Volksarmee die UN-Enklave. »Dieser Sieg ist mein Geschenk an das serbische Volk zum Vidovdan« (St. Veitstag, Tag der Niederlage der Serben auf dem Amselfeld 1386). Während Mladic vor laufenden Fernsehkameras mit dem Kommandanten des holländischen UN-Bataillons mit Slibowitz anstieß, verbrachten seine Soldaten die »Pakete« – wie die Chiffre für die moslemischen Opfer lautete – in bereitgestellte Autobusse und fuhren sie zu den ebenfalls vorbereiteten Exekutionsstätten: Schulen, Fabrikhallen, Magazine und das bereits von vorhergegangenen Exekutionen blutgetränkte Fußballstadion in der serbischen Nachbarstadt Bratunac. Die für den Massenmord vorgesehenen Bestattungsorte und die notwendige »Technik«, wie Bagger, Bulldozer, Planierraupen und LKWs für den Leichentransport, waren ebenfalls generalstabsmäßig bereitgestellt worden. Streng abgeschirmt von der »geheimen Aktion« wurden Journalisten ausgenommen »vertrauenswürdige Kader«. Das erklärt aber nur zum Teil, wieso dieses grauenvolle Verbrechen, dem nahezu 8.000 unschuldige Männer und Halbwüchsige zum Opfer fielen, nur weil sie Moslems waren, erst nach über einem Jahrzehnt in seinem ganzen Ausmaß bekannt wurde. Die »vertrauenswürdigen Journalistenkader« gehören schon wegen ihres Verrats an journalistischen Grundsätzen, der objektiven Berichterstattung, ebenfalls unter Anklage gestellt. Was für ein »Gewissen« muss wohl der Kameramann haben, der ein zwei Stunden langes Video von der Massenexekution der wehrlosen, meist gefesselten moslemischen Opfer aufgenommen hat, das erst Ende Mai 2005 im Belgrader Fernsehen gezeigt wurde und so vor dem geschockten serbischen Volk den Kriegsverbrechern die patriotische Maske herunterriss! Auch das Gesicht des Täters hinter der Kamera gehört vor die Öffentlichkeit! Allen voran der Bluthund von Srbrenica in Generalsuniform: Ratko Mladic.

Das sorglose, ja geradezu gewissenlose Verhalten des Kommandeurs des »Dutchbattailons« hatte noch tragischere Folgen als das der holländischen EG-Beobachter im Jahre 1991 in Vukovar, da von den Siegern der Schlacht um die heißumkämpfte kroatische Stadt an der Donau vor ihren Augen Hunderte von Schwerverletzten, Amputierten und Kranken aus dem städtischen Krankenhaus zur Hinrichtungsstätte abtransportiert worden waren, ohne dass diese EG-Beobachter auch nur nachgesehen hätten, wohin! Im niederländischen Parlament kam das Versagen von Vukovar erst gar nicht zur Sprache, während das ähnlich schändliche Verhalten des »Dutchbattailons« beziehungsweise das ihrer kommandierenden Offiziere bei dem Massaker von Srebrenica herunter gespielt wurde. Lediglich ein mutiger holländischer Journalist, Raymond van den Boogaard, der als Kriegsberichterstatter vor Ort war, brach aus der Mauer des »Verschweigens« aus. In seinem Buch »Zilverstad« (Srbrenica) prangert er schonungslos die Feigheit des niederländischen UN-Bataillons an, das er beschuldigt, den Menschen in der von serbisch-bosnischen Truppen überrannten UN-Enklave Srebrenica nicht geholfen zu haben, vielmehr tatenlos der »Selektion« von moslemischen Männern aus den Reihen der zu evakuierenden Bevölkerung zugesehen zu haben. Dass er die Bewunderung der Holländer für die serbischen Truppen, die immer für notwendige Biertransporte für das Dutchbattailon sorgten, kritisch hervorhebt, unterstellt geradezu eine Mittäterschaft. Jedenfalls verurteilt der Journalist die »schamlose Weißwäscherei«, die »enge niederländische Perspektive, die Verleugnung und den Verrat« der Regierung unter Premier Wim Kok, die letztlich unter dem Druck der öffentlichen Meinung im Jahre 2000 zurücktreten musste. Aber auch die ratlose, geradezu kriminell anmutende Rolle der verantwortlichen Beauftragten der UNO sollte ausgeleuchtet werden, damit sich ein solches Megaverbrechen nicht wiederholt. Dass ein hoher orthodoxer Geistlicher, Vladika Gavrilo, die Täter vor dem Massaker noch gesegnet hat, bringt auch den Klerus der Orthodoxen Kirche Serbiens in Erklärungsnot. Schon deshalb, da der Patriarch Pavle II. die Serben in seinen Predigten als das »auserwählte Volk Gottes« hoch lobte, was den ohnedies vorherrschenden Rassendünkel bestärkte. Ob so die von höchsten kirchlichen Autoritäten in die Irre geleiteter Serben ihre nationalistischen und rassistischen Vorbehalte überwinden können, wird erst die Zukunft zeigen. Im Bosnienkrieg und später auch in der Kosovokrise instrumentalisierte das Milosevic Regime solche schlummernden Dünkel. Der Schock, den die im Belgrader Fernsehen im Frühjahr 2005 gezeigten Videos von der Hinrichtung wehrloser Moslems hervorgerufen hatte, könnte hilfreich sein.

Nach dem Abkommen von Dayton, das die kriegerischen Auseinandersetzungen beendete, war das Leben in den völkisch umstrittenen Gebieten nicht ungefährlicher geworden. So wollte der ARD-Korrespondent Miroschnikow einer moslemischen Familie behilflich sein, ihr vormaliges Haus im Dorf Lukoviva zu besuchen, in das Serben eingezogen waren. Die serbischen Neubesitzer waren sogar einverstanden, vorausgesetzt, dass sie das Grab ihres Sohnes auf moslemischem Territorium besuchen dürfen. Zum Pech war dort in der neu erbauten Moschee gerade ein Festgottesdienst, deren Teilnehmer sich über das unerwartete Auftauchen des alten serbischen Paares empörten, da es gerade dessen Sohn war, der mit anderen serbischen Cetniks mehrere Moslems ermordet haben soll. Die Moslems stritten untereinander, wem die Ehre zufallen sollte, Rache zu üben und die beiden alten Serben zu erschießen. Nur mit Mühe konnten die entsetzten Alten ins Auto der ARD gerettet werden, während der deutsche Kameramann verprügelt wurde und die Kassette herausgeben musste, auf der er die Szenen festgehalten hatte. Aus einem geplanten Beitrag über die Einkehr des Friedens wurde so ein Dokument der Unversöhnlichkeit. Letztlich aber erklärten sich die aufgebrachten Moslems bereit, vor der Kamera auszusagen, weshalb sie an den beiden alten Serben Rache üben wollten, was auch im ARD-Programm gesendet wurde. Die gefährliche Auseinandersetzung spielte sich im Jahre 2.000 ab, also fünf Jahre nach dem »Friedensschluss« von Dayton, was für das Zusammen- oder wenigstens Nebeneinanderleben der Ethnien und die Zukunft in Bosnien-Herzegowina kaum hoffnungsvoll stimmt.

Attacken gegen die Freiheit des Wortes, die Beschlagnahme unerwünschter Blätter, Publikationen, physische Angriffe auf Journalisten und Rundfunkreporter, Verwüstungen von unabhängigen Sendern,

Entführungen und willkürliche Entlassungen von Journalisten und freien Mitarbeitern blieben auf der Tagesordnung. Auch Autos unliebsamer Journalisten flogen immer wieder in die Luft. Allein in der ersten Hälfte des Jahres 2004 wurden 36 Journalisten getötet, über 130 verhaftet und eingesperrt – zwar nicht im jugoslawischen Raum, sondern weltweit, was zeigt, dass trotz des Artikels 19 der UN-Menschenrechtskonvention, in der Pressefreiheit garantiert wird, weiterhin Gewalt vorherrscht. Ein spätes Opfer im Kampf für die Pressefreiheit und gegen die vom Regime verschriebene Propaganda wurde der serbische Journalist und Herausgeber des »Dnevni telegraf« und des »Evropljanin«, SLAVKO CURUVIJA in Belgrad. Seine gegenüber Milosevic kritische Berichterstattung war mit Beginn des NATO-Bombardements im Kosovokrieg Ziel wütender Attacken des Regimes. Seine Blätter wurden unter fadenscheinigen Vorwänden in Serbien verboten, worauf er diese in Montenegro und in Kroatien herstellen ließ und zum Verkauf nach Serbien schmuggelte. Die steigenden Verkaufszahlen, allen Schikanen zum Trotz, zeigten, dass er mit seiner Blattlinie und Informationspolitik richtig lag. Im Oktober 1998 hatte er mit Gleichgesinnten in dem offenen Brief »Milosevic, was kommt als nächstes?« Milosevic für die verlorenen Kriege und die Leiden der Menschen im ehemaligen Jugoslawien verantwortlich gemacht. Dafür wurde er von einem Belgrader Gericht zu einer ruinösen Geldstrafe von 150.000 US-Dollar verdonnert und seinem Direktor IVAN TADIC auch die gesamte private Wohnungseinrichtung konfisziert. Überdies wurde SLAVKO CURUVIJA wegen Verunglimpfung des Präsidenten

Slobodan Milosevic zu einer Freiheitsstrafe verurteilt. Gegen die fünfmonatige Gefängnisstrafe wegen »Majestätsbeleidigung« legte er Berufung ein und stellte aus Protest die Herausgabe seiner Blätter ein. Der Protest richtete sich auch gegen die vom Belgrader Regime verhängte »Zensur total«, die mit der NATO-Intervention im Kosovo verhängt worden war. Das Milosevic-Blatt »Politika« führte eine verleumderische Kampagne gegen CURUVIJA mit der Behauptung, »dass er die NATO-Bombardements gutheißen würde«. Fünf Tage nach diesem gefährlichen Angriff und ehrenrührigen Unterstellungen in der »Politika«, am 5. April 1999, wurde CURUVIJA vor seinem Wohnhaus in Belgrad von zwei Männern in schwarzen Anzügen niedergeschossen und getötet. Mit seiner Frau war er gerade von einem Ostergottesdienst in der Serbisch-Orthodoxen Kathedrale auf dem Kalemegdan heimgekehrt. Dass eine Reihe von Passanten Zeugen der Bluttat wurden, störte die Mörder offenbar nicht. Sie wurden auch nie gefasst, aber auf Grund der damals in der serbischen Hauptstadt herrschenden Umstände und Durchführung des Attentates dem so genannten Zemun-Clan zugeschrieben, der dann im Jahre 2003 den serbischen Premierminister ZORAN DJINDJIC ermordet hat. Vor einem Belgrader Sondergericht zur Bekämpfung der organisierten Kriminalität, die das Land fest im Griff hatte, sagte im April 2004 ein ehemaliges Bandenmitglied als Zeuge im Djindjic-Mordprozess aus, dass der Sohn Marko des nun in Den Haag in der Untersuchungshaft des Internationalen Gerichtshofes einsitzenden vormaligen Präsidenten Milosevic, der serbischen Mafia schon im Jahre 2000, kurz nach der politischen

Wende in Serbien, fünf Millionen D-Mark für die Ermordung des neuen Ministerpräsidenten Zoran Djindjic geboten habe. Marko Milosevic war damals eiligst nach Moskau geflogen, wo er mit seiner Mutter Mira Markovic-Milosevic leben soll. Der ganze Clan Milosevic, auch der Bruder seines Vaters, der ihn als jugoslawischen Botschafter nach Moskau entsandte, hat in Russland politisches Asyl bekommen. Verwundern muss, dass das Parlament in Belgrad im März 2004 ein Gesetz verabschiedet hat, das eine staatliche Unterstützung für die Angeklagten vor dem Haager Tribunal und deren Familien vorsieht. Unter anderem die Fortzahlung beziehungsweise Nachzahlung von Gehältern der Angeklagten, die Kosten für ihre Anwälte, finanzielle Hilfe für Angehörige und sogar die Erstattung von Kosten bei Besuchen von Inhaftierten in Den Haag. Das ominöse Gesetz spiegelt nicht nur eine ungewöhnliche Solidarität mit Kriegsverbrechern, wie etwa mit dem bereits verurteilten serbischen General Radislav Krstic (35 Jahre Haft), es bestätigt die tiefe Voreingenommenheit und Ablehnung des Internationalen UN-Gerichtshofes. In einer Umfrage erklärten 78 Prozent der Befragten in Serbien, sie würden einen in Den Haag Angeklagten nie bei den Behörden anzeigen, was ein besonderes Licht auf die Forderung Belgrads wirft, Beschuldigte vor eigenen Gerichten zur Verantwortung ziehen zu wollen.

Andererseits hat die erklärte Absicht des Premiers Kostunica der Belgrader Regierung bereits bei seinem Amtsantritt im Februar 2004, Kriegsverbrecher nicht nach Den Haag auszuliefern, sondern vor serbische Gerichte zu stellen, unerwartete Auswirkungen. So stellte sich

Anfang Mai der als Auftraggeber des Mordes an Ministerpräsident Zoran Djindjic und auch der Ermordung des serbischen Präsidenten Ivan Stambolic im Jahre 2000 Verdächtigte, sowie dem Mordversuch an Außenminister Vuk Draskovic im August 2000, Milorad Lukic, genannt Legija. Bisher hielt er sich verborgen. Der ehemalige Fremdenlegionär in der französischen Fremdenlegion und berüchtigte Maifiaboss war 1999 zum Kommandanten der gefürchteten Einheit von Milosevics Sonderpolizei »Rote Barette« ernannt worden, in der auch viele andere Kriminelle dienten und die Schmutzarbeit erledigten. Dafür soll Legija mit seinem Klan in Zemun (einem Vorort Belgrads) einen Gewinn bringenden Handel mit Drogen, Waffen und Prostitution betrieben haben, sozusagen mit Duldung der Behörden. Wegen der verweigerten Zusammenarbeit mit dem Internationalen Gerichtshof in Den Haag drohen die UN Belgrad mit ernsten Konsequenzen, so mit dem Entzug bereits zugesagter Entwicklungshilfe in Höhe von mehreren hundert Millionen US-Dollar. Werden die UN nachgeben, da ohnedies Kräfte am Werk sind, die die Tätigkeit des Haager Gerichtshofes einstellen möchten und so möglicherweise den nationalistischen Strömungen in Serbien in die Hände spielen? Die Aufklärung des Mordes an dem Verleger und Journalisten Slavko Curuvija, der dem Zemun-Clan des Legija in der öffentlichen Meinung Belgrads sofort zugeschrieben worden war, wäre durch Gerichte in Belgrad wohl früher möglich gewesen. Dass eine solche nicht erfolgte, schürt weiterhin Zweifel an notwendiger Unabhängigkeit des Gerichtswesens in Serbien.

Ein weiterer mysteriöser Mord wurde an dem Journalisten DUSKO JOVANOVIC Ende Mai 2004 in Montenegro begangen. Der Herausgeber und Chefredakteur der Tageszeitung »DAN« (Der Tag) wurde in der Hauptstadt Podgorica (vormals Titograd) am helllichten Tag aus einem vorbeifahrenden Auto auf einer belebten Straße erschossen. Der regierungskritische DAN hatte in letzter Zeit ausführliche Reportagen über Zigarettenschmuggel über die Adria und Frauenhandel in Montenegro, sozusagen im Gegenzug an das Establishment in Italien publiziert. DUSKO JOVANOVIC behauptete unter anderem, dass dies ohne Wissen der Staatsspitze Montenegros kaum möglich sei, dass diese vielmehr in die dunklen Geschäfte verwickelt sei. Eine Behauptung, die schon vordem immer wieder laut geworden war. Premierminister Mile Djukanovic warf Dusko Jovanovic aber Verleumdung vor und kündigte an, gegen ihn gerichtlich vorgehen zu wollen. Der feige Mordanschlag erübrigte weitere Schritte, löste aber unter der schreibenden Zunft und in der Öffentlichkeit Montenegros heftige Empörung aus. Auf einer Protestkundgebung vor dem montenegrinischen Parlamentsgebäude forderten hunderte Demonstranten eine lückenlose Aufklärung des Mordes, während Journalisten aller Couleur in einer Petition ankündigten, sich durch »Terror und Angst nicht einschüchtern zu lassen«. Presse- und Meinungsfreiheit sind auch in der Verfassung Montenegros verankert. Trotzdem wird um das freie Wort und um Pressefreiheit auf dem Balkan, sozusagen vor unserer Haustür, weiter gerungen, wo selbst vor Mord an Journalisten nicht zurückgeschreckt wird.

KOPFGELD AUF JOURNALISTEN

Der Führer der bosnischen Serben, Radovan Karadzic, prahlte vor britischen Fernsehleuten, wie er Sarajevo von den Moslems mit dem Segen des Patriarchen Pavle II. der Serbisch-Orthodoxen Kirche befreien und säubern wollte. Aus einem sicheren Versteck oberhalb von Sarajevo feuerte er aus einem SMG mehrere Salven in die belagerte Stadt und forderte seine Gäste auf, es ihm nachzutun. Während der Feuerpause zitierte er aus seinem Gedicht: »Die Stadt brennt wie Weihrauch in der Kirche – in dem Rauch sehe ich unser Gewissen ...« War das Besessenheit oder Selbstherrlichkeit, vielleicht Wahnsinn? Karadzic gebärdete sich als Herr über Leben und Tod – der in der Stadt eingeschlossenen Menschen. Im Belgrader Fernsehen wiederum figurierte häufig ein martialisch anmutender Schütze hinter einer 2-cm-Schnellfeuerkanone. Der »mutige« Mann in olivgrünem Pullover zog wie in einem Theater einen Vorhang vor seiner gut getarnten Kanone am Hang des Jahotinagebirgszuges hoch, ballerte wie wild mehrere Magazine auf nirgendwo in das graue Häusermeer und zog den

Vorhang grinsend wieder zu. Ob er Menschen getroffen hatte, war nicht zu sehen, aber in jedem Fall verbreitete er mit den Salven Angst und Schrecken. Auch Terror, und das war wohl der Zweck, wie es ja Karadzic im britischen Fernsehen vorgemacht hatte. Verzierte 2-cm-Geschosshülsen mit der eingestanzten Aufschrift Sarajevo sind jetzt der Verkaufsschlager der Kupferschmiede in der Bascarsija. Die Geschosshülsen, aber auch auf Hochglanz polierte größere Kartuschen, wurden auf den Hängen der bewaldeten Hügel oberhalb Sarajevos unter größten Gefahren aufgelesen. Manche Kinder wurden von gelegten Minen noch verstümmelt. Und niemand fragt heute beim Kauf der beliebten Souvenirs, ob die zur Hülse gehörende Kugel auch getroffen hat.

Die Buchhalterin von »Oslobodjenje«, ZURKA BESIC, wurde im März 1993 von einem Scharfschützen am Fenster des Firmenbusses erschossen, mit dem Arbeiter und Angestellte aus dem Stadtzentrum von Sarajevo in das etwas außerhalb gelegene Verlagsgebäude transportiert wurden. Die lange Straße Radomira Putnika, im Volksmund *sniper-alley* – Heckenschützenallee – genannt, galt als besonders gefährlich. Wie viele Zivilisten, auch Frauen und Kinder, von mordlüsternen Scharfschützen niedergemäht worden sind, ist kaum registriert worden. Ärzte des Städtischen Krankenhauses erinnern sich rückblickend, dass die Schützen ein grausames Spielchen mit ihren Opfern spielten: An einem Tag verpassten sie ihnen nur Bauchschüsse, am nächsten Tag zielten sie nur auf den Kopf, wie auf einem Schießplatz. Auch das Fahrzeug eines Fernsehteams, das weit sichtbar mit dem Schriftzug PRESS zu erkennen war, geriet unter Beschuss. Und das ausgerechnet am Heiligen Abend 1993, das Fahrzeug des ZDF-Korrespondenten DETLEV KLEINERT. Da es in Sarajevo kaum etwas zu essen gab, fuhr er zum Flughafen, auf dem eine französische SFOR-Einheit stationiert war. In ihrer Kantine hatten sie Verständnis für die Nöte westlicher Journalisten und verkauften ihnen die notwendigsten Lebensmittel, zwar nur für ein karges Mahl, aber die Mannschaft des ZDF-Teams war schon dafür dankbar. Auf der Rückfahrt durch die berüchtigte *sniper-alley* geriet DETLEV KLEINERT in einen Feuerüberfall. Nur dank der Panzerung des Dienstwagens kam er glimpflich davon.

»Ein Einschuss in der Frontscheibe war genau in Brusthöhe – nur das dicke Panzerglas wehrte die Kugel ab«, erinnert sich KLEINERT: »Überhaupt war das Fahrzeug von Einschüssen geradezu durchsiebt.« Der Kühler war wohl getroffen worden und rauchte, Kleinert konnte sich aus dem schleudernden Fahrzeug, dem die Reifen durchschossen waren, gerade noch in eine Hausruine retten. Dass die Karadzic-Serben ein Kopfgeld auf westliche Journalisten ausgesetzt hätten, kursierte schon längste Zeit als Gerücht, das mit jedem getöteten Journalisten glaubwürdiger wurde. Der Kurzzeitpremier Serbiens, Milan Panic, bestätigte es in einem Gespräch mit Korrespondenten-Kriegsberichterstattern in Pale nach einem Treffen mit dem Führer der aufständischen bosnischen Serben, Radovan Karadzic. Der Tod eines Journalisten war Karadzic und seiner Jagdgenossenschaft immerhin 5.000 DM Kopfgeld wert! Wie schwierig die Arbeit eines Korrespondenten unter den herrschenden Umständen war, fasste Kollege Kleinert humorvoll zusammen: »Ich, wir, mein Team wurden von allen Kriegführenden bedroht, angehalten, festgenommen, verhört und das nicht nur einmal, von Serben, Moslems, Kroaten, Armeeangehörigen. Immerhin ein Beweis, dass ich in meiner Berichterstattung nicht einseitig war!«

Den Angestellten BEGIC von RTV Bosnien-Herzegowina erwischte 1993 eine gezielte Kugel, trotz des Tempos, das er mit seinem Auto auf der gefahrvollen *sniper-alley* vorgelegt hatte. Letztlich wurde auch der Chefredakteur des Blattes »Oslobodjenje«, KEMAL KURSPAHIC, durch Geschosse der Heckenschützen schwer verletzt, Kurspahic, der seinen Angaben gemäß die *sniper-alley* mit 160 km/h zu durchrasen pflegte auf dem Weg zum oder vom völlig zerschossenen Verlagsgebäude. Gearbeitet wurde im atombombensicheren Keller. Die Terrorhandlungen können wohl kaum noch als im Krieg geduldete Maßnahmen angesehen werden. Die Verantwortlichen für diesen Terror sollten zu ihren Handlungen stehen und sich verantworten. Selbst Kinder beim Fußballspielen blieben von Heckenschützen nicht verschont. Die sich in dem engen Tal entlang des Flusses Miljacka drängende Stadt Sarajevo war von den umliegenden Bergen wie auf einem Präsentierteller einzusehen. Die ausgebaute Panoramastraße in den Jahorinagebirgszug, die zu den Wettkampfstätten der Winterolympiade 1984 führte, als Sarajevo in das Blickfeld der sportbegeisterten Welt gerückt war, gab im Krieg geradezu ideale Stellungen für die serbischen Belagerer und ihre Artillerie ab. Kommandostäbe der bosnischen Serben und der Jugoslawischen Armee hatten sich in den Wettkampfbüros und Unterkünften der zur Winterolympiade 1984 erbauten Sprungschanzen zwischen der Bjelasnica und dem Berg Igman (dem Kältepol Jugoslawiens) einquartiert. Olympiahotels dienten zweckentfremdet als bequeme Kasernen. Von dem knapp 2.500 m hohem Bergkamm konnte jede Bewegung im Miljackatal um Sarajevo bis weit in das westliche Vorland unter Kontrolle gehalten werden. Der Bergkamm war übrigens eine ungewöhnliche Fluchtroute des so genannten »Arbeiterbattailons«, des Kerns der Partisanenverbände Titos, die sich im Januar 1942 bei heftigen Schneestürmen und eisigen Minusgraden bis zu 40 Grad Celsius dem Zugriff deutscher Gebirgsjäger und Soldaten der bosnisch-moslemischen SS-Division »Handschar« entziehen konnten. Besucher der Winterolympiade wurden mit Hinweistafeln, Karten und durch Fremdenführer auf dieses Ereignis hingewiesen. Besuchern nach dem Kriege, selbst ein Jahrzehnt später, werden die Wunden und Narben explodierender Granaten und Kugeln aus Maschinengewehren und Handfeuerwaffen gezeigt, die in Kirchen, Monumente und vor allem Wohnhäuser eingeschlagen haben. Ruinen, kaputte Häuser, ja selbst das alte Rathaus sind trotz Hilfe der UN und der Mühen der Bürger von Sarajevo überall sichtbar. Aber auch im Gedächtnis der Menschen sind die Kriegsgräuel durchaus noch gegenwärtig. Sie haben nichts vergessen. Jede Straße und Gasse hat ihre eigene Geschichte. Die Menschen sind vom Misstrauen geprägt, vor allem gegenüber Fremden, denen zwar alle Zeugnisse vorgeführt werden, aber ihre Herzen bleiben verschlossen. Selbst Kinder, die nach dem Kriege geboren wurden, bilden keine Ausnahme. In der Landessprache angesprochen, versuchen sie zuerst zu ergründen, ob man nicht Serbe oder Kroate ist. Mit ihren Eltern waren sie vielleicht schon in Österreich oder Deutschland – etwa als Flüchtlinge oder Evakuierte während der Kriegsjahre –, aber bestimmt nicht in dem knapp entfernten Pale, dem »Hauptdorf« der Serbischen Republik Bosna. Bosnien bleibt eine geteilte Welt!

Meldungen oder Berichte über zu Tode gekommene Journalisten, gleich welcher Nationalität, fanden sich meist nur in den lokalen Medien, mit der eindeutigen Absicht, den Kampfeswillen zu stärken und Hass gegen den Gegner zu vertiefen, aus welchem nationalen oder religiösen Blickwinkel auch immer. Objektivere Informationen über die politischen Entwicklungen und militärische Situation verbreiteten praktisch nur ausländische Rundfunkstationen. So die viel gehörten Fremdsprachensendungen der Deutschen Welle oder BBC. Die Sendungen der Deutschen Welle in serbokroatischer oder mazedonischer Sprache dürften gemäß Erhebungen bis zu zehn Prozent der Radiohörer in Bosnien-Herzegowina, in Serbien und Mazedonien erreicht haben. Zählt man den üblichen Multiplikationsfaktor hinzu, bestätigt das den hohen Wert und die Notwendigkeit von Fremdsprachensendungen, macht aber auch verständlicher, weshalb Störsender den klaren Empfang behindern sollen.

Zu beklagen ist auch der frühe Tod des 24-jährigen KARIM ZAINOVIC. Der talentierte Karikaturist, der bereits seit seinem 14. Lebensjahr launige Comics in ganz Jugoslawien publiziert hatte und junger Mitbegründer des Magazins »Dani« war, das erst 1992 mitten im belagerten Sarajevo gegründet worden war, kam bei einem Artillerieüberfall im Stadtzentrum ums Leben. Ein ähnliches Schicksal erlitt der bosnische Journalist SEJAD SERIC, 50, im Lokal der Bohemiens in Sarajevo, im Café FIS. Im Juni 1993 schlug eine Granate durch das Kellerfenster und explodierte in einer ahnungslosen Runde, die in der Mittagspause einen »Türkischen« Kaffee schlürfte. Dass der bekannte innenpolitische Redakteur, der regelmäßig von den Frontlinien um die belagerte Stadt berichtete, ausgerechnet in einem als sicher geltenden Kellerlokal ums Leben kam, war ein weiterer Schock für die leidgeprüften Bürger. Dass es sich um einen Zufallstreffer eines auf dem umliegenden Gebirgszug stehenden Geschützes gehandelt haben dürfte, war eine kaum tröstende Vermutung. Die mehreren hunderttausend Menschen, die trotz Belagerungskrieg und Not in der Stadt aushielten, gingen ihren Berufen und auch Vergnügungen nach. Sarajevo, das vor dem Krieg als lebenslustige Stadt galt und wohl als einzige in Jugoslawien wirklich eine multinationale und multikulturelle Metropole war, strahlte einen eigenartigen Zauber aus.

Die europäisierten Einflüsse des Orients trugen das ihre dazu bei, das Nebeneinander prachtvoller Moscheen, serbisch-orthodoxer Kirchen und römisch-katholischer Gotteshäuser, eines uralten jüdischen Tempels und nicht zuletzt das moslemische Stadtviertel mit dem malerischen Basar, Bascarsija, angrenzend an den deutliche Einflüsse der K. K. Epoche zeigenden Stadtteil, bilden eine einzigartige Kulisse und Mischung. Das gleiche galt für die Menschen in Sarajevo, die vor dem

Krieg kaum ethnische und religiöse Vorbehalte trennten oder sie nicht öffentlich zeigten. Mischehen waren an der Tagesordnung, vor allem junge Menschen deklarierten sich als Jugoslawen, die in Bosnien-Herzegowina als Nationalität anerkannt waren. Selbst der Tito-Staat unterschied durch die Schreibweise: Moslem mit Großbuchstaben M galt für die Nationalität, moslem mit kleinem m für die Religionszugehörigkeit! Bosnien-Herzegowina war als das Zünglein an der Waage im Vielvölkerstaat Jugoslawien ausersehen. Die Autokephalität der Islamischen Glaubensgemeinschaft fußt im übrigen auf einer Verordnung Kaiser Franz Josefs. Bis zur Okkupation Bosnien-Herzegowinas durch die K. K. Monarchie gehörte sie zum Kalifat Istanbul. Als ich im Januar 1984 vor Beginn der Winterolympiade in Sarajevo einen Filmbeitrag für den ORF machte und Arbeiter bei den letzten Vorbereitungen an den Wettkampfstätten auf der Jahorina und der Bjelasnica nach ihrer Nationalität befragte, lachten sie nur. Ähnliches erlebte ich während der Befragung von Arbeitern am Tor der Energoinvest und UNIS. Eine Studentin erklärte mir auf der Lateinerbrücke über den Miljacka-Fluss nur wenige Schritte vom Ort des Attentates auf das K. K. Thronfolgerpaar, wo das Museum »Mlada Bosna« die Verschwörer und die politischen Motive des folgenschweren Mordanschlages verherrlicht: »Endlich wird Sarajevo mit der Winterolympiade sein schlimmes Image los und wird in der Welt in einen besseren Ruf kommen!«

Der Anspruch der Serben in Bosnien auf eine eigene Republik, ihr Feldzug mit dem Ziel der Ausweitung ihres Territoriums, verbunden mit der Vertreibung der mitwohnenden Moslems und Kroaten, setzte in Bosnien-Herzegowina eine Völkerwanderung in Gang. Die Not der Menschen, die vor einer marodierenden Soldateska Hals über Kopf fliehen mussten, war so groß, dass ein fassungsloses Europa hunderttausende Heimatlose aufnahm. Organisiert in Sonderzügen – aber nur vorübergehend, hieß es verlegen und verlogen. Zwei Millionen Menschen waren auf der Flucht, eine Million sollen laut OSZE bis 2004 wieder in ihre alte Heimat zurückgekehrt sein. Über 600 teils spontan gegründete humanitäre Organisationen im Westen leisteten Hilfe vor Ort, oft mit grotesken Fehlleistungen. Mit feinsten Dessous und modischen hochhackigen Pumps wurden Bäuerinnen im weglosen Gebirge beglückt – alles landete auf dem Schwarzen Markt. Ebenso feinste europäische Kaffeesorten, da moslemische Frauen traditionell lieber grüne Kaffeebohnen rösten und sie in Handkaffeemühlen mahlen, bevor sie ihren »Türkischen« in *cesmas* zubereiten. Aber auch Bibeln wurden an moslemische Familien verteilt usf. Die Moslems überfluteten Mittelbosnien. In dem nun nahezu geschlossenen Siedlungsraum der Moslems schossen Moscheen und Minarette wie Pilze aus dem Boden. Als erstes wurden nicht etwa Häuser und Wohnungen für die obdachlosen Flüchtlinge renoviert oder erbaut, sondern islamische Kultstätten und Medressen. Bei den heimatlosen Moslems stieß die gezielte Reislamisierung durch eine fanatisierte Geistlichkeit kaum auf Abwehr und ist in vollem Gange. Alles mit Unterstützung reicher arabischer Erdölstaaten – letztlich also durch die hoch technisierte westliche Welt, die bereit ist, für Erdöl jeden Preis zu bezahlen.

Nicht zuletzt leistet jeder Autofahrer in Europa sein Schärflein für die Reislamisierung mitten in Europa. Auch die hastige Aufstellung moslemischer Kampfeinheiten konnte nur mit großzügiger Finanzhilfe aus den gleichen arabischen Töpfen erfolgen. Britische Quellen sprechen von einer wesentlichen Rolle Al Qaidas bei der Entsendung kampferprobter Mudjahedins und dem Einsatz fanatisierter Einheiten, wie »Abduk Latif« und »El Mudjahid« im Raum Kakanj und Zenica. Dass der hastige Aufbau bosnisch-moslemischer Streitkräfte ungeheure Summen erforderte, bleibt mit Hinweisen auf reiche Erdölstaaten letztlich doch ungeklärt. In der sich in der Nach-Tito-Ära langsam auflösenden Planwirtschaft, die letztlich mit dem Ostblock total zusammenbrach, und der sehr zögernden Umstellung auf internationalen Wettbewerb verloren tausende Arbeiter in Bergwerken, Industriebetrieben, wie etwa im Eisen- und Stahlkombinat Zenica, ihren Arbeitsplatz. Mit dem Ausbruch der Kampfhandlungen in Bosnien wurden die Hochöfen ausgepustet, die Produktion von Roheisen fiel aus. Zehntausende Arbeitslose, vorwiegend Moslems, flüchteten in die einzige Verdienstmöglichkeit – die neu aufgebauten Moslemstreitkräfte. Die allgemeine Mobilisierung kam eigentlich erst nachträglich. Werber hatten bei den Arbeitslosen leichte Arbeit, sie boten jedem ein Handgeld und erschienen häufig in Begleitung eines Imam. An moslemischen Offizieren und gut ausgebildeten Unteroffizieren sowie Zivilangestellten herrschte kein Mangel – sie verließen scharenweise die Jugoslawische Volksarmee, die längst eine Serbo-Armee war, wie zuvor in Slowenien die Slowenen und in Kroatien die kroatischen

Dienstgrade und Wehrpflichtigen. Die einst multinationale Jugoslawische Volksarmee degenerierte gerade in Bosnien zu einer nationalen serbischen Armee, die sich vorbehaltlos hinter die Streitkräfte der »Republika Srpsk Bosna« stellte, mit all ihren Reserven in Serbien und Montenegro.

Die kroatische Bevölkerung wiederum musste dem Druck der Moslems in Richtung Süden weichen, wo als Antwort auf die »Republika Srpska Bosna« die Ausrufung der »Republika Hrvatska Bosna« folgte.

Letztere beanspruchte drei Kantone von Bosnien-Herzegowina, die sich an das kroatische Dalmatien anlehnten. Wie eine Kettenreaktion folgte ein weiterer tragischer Waffengang zwischen Kroatien und Moslems, die sich bis dahin mehr oder weniger gemeinsam gegen Vormarsch und Landnahme der Serben in Einheit mit der serbisierten Jugoslawischen Volksarmee zur Wehr gesetzt hatten. Die bosnischen Kroaten und ihr bewaffneter Arm, die HVO, wurden von der Armee der Republik Kroatien unterstützt, ausgebildet, bewaffnet und geführt. Die Kroaten beanspruchten die historische Stadt Mostar als Hauptstadt ihres neuen Staatsgebildes, gegen den heftigen Widerstand der Moslems, die etwa die Hälfte der städtischen Bevölkerung Mostars stellten. Der kroatische Artillerie-Beschuss der herrlichen Brücke über den Fluss Neretva, die das kroatische mit dem moslemischen Ufer verbunden hatte, ließ die Welt erst aufhorchen. Das kühne Bauwerk des türkischen Baumeisters Mimar Hajrudin aus dem Jahre 1566, das sich »wie eine versteinerte Möwe« über den grünen, reißenden Strom spannte, von den Türken aber als »steinerner Halbmond« benannt, versank in den Fluten. Während der Kampfhandlungen starben kaum beachtet der bosnisch-moslemische Journalist MUGDIN KARABEG (63), der seit Jahren aus seiner Vaterstadt Mostar für bosnische Blätter berichtete, und der dorthin aus Istanbul entsandte Sonderkorrespondent MUHAMED TAGAR vom türkischen Blatt »Mili«. Beide verloren im Hagel der Granaten der Artillerie ihr Leben.

Auch der deutsche Freelancer GEORG PFUHL soll laut Angaben des kroatischen Journalistenverbandes bei einem Artillerieüberfall in der Umgebung von Mostar ums Leben gekommen sein. Als Weltkulturerbe wurde die am 9. November 1993 zerstörte Brücke im Auftrag der UN von einer türkischen Baufirma aus Istanbul nach Originalplänen und traditioneller Bauweise rekonstruiert, um das moslemische und das kroatische Ufer beziehungsweise die Stadtteile wieder zu verbinden – zumindest symbolisch. Wie schwirig eine Verbindung zwischen den Menschen wieder herzustellen sein wird, erlebte ich auf der Brücke, als mich ein moslemischer Andenkenverkäufer als westlichen Imperialisten beschimpfte und handgreiflich zu werden drohte, nur weil ich vom kroatischen Ufer kam. Die bosnische Zentralverwaltung überstellte sechs algerische Mudjahedins an die USA, die im Verdacht stehen an der Vorbereitung der Flugzeugattacken vom 11. September 2001 in New York beteiligt gewesen zu sein. Die sechs ausgelieferten Mudjahedins sollen Überlebende einer fanatisierten Mudjahedineinheit sein, die in Mostar gekämpft haben und sich hier letztlich niedergelassen hatten. Der internationale Terror hat ganz offensichtlich mehrere Gesichter, und das vor unserer Haustür. Laut Erkenntnissen der amerikanischen Spionageabwehr, die sogar vom US-kritischen Paris bestätigt wurden, ist Bosnien nicht nur ein Ruheraum islamischer Terroristen, sondern eine Drehscheibe für ihre Einsätze.

Auch in der Herzegowina liegen nationale und konfessionelle Gegensätze eng beieinander. Von Mostar, das trotz hoffnungsvoller Botschaften bei der Inbetriebnahme der neu erbauten Brücke über die Neretwa, im Alltag eine moslemisch und kroatisch geteilte Stadt geblieben ist, liegt nur wenige Kilometer entfernt der jüngste Wallfahrtsort – Medjugorje. Die Heilige Muttergottes ist dort sechs Kindern beim Hüten von Schafen am 24. Juni 1981 erschienen. Zu dem neuen Lourds im Karst pilgern seither unzählige Gläubige in der Hoffnung auf Heilung. Zurückgelassene Krücken, Stöcke, Rollstühle in der bescheidenen Franziskanerkirche zeugen von seltsamen Heilungen durch die Gospa – die Friedensmadonna von Medjugorje! Dass die Gospa aber kroatisch zu den Gläubigen spricht, ist Moslems und Serben verdächtig. Trotz Krieg strebten Gläubige weiterhin hierher, die seit dem Ende der Kampfhandlungen zu einem nicht abreißenden Menschenstrom aus aller Herren Länder angeschwollen sind. Täglich am Nachmittag halten Franziskanermönche und Priester in mehreren Sprachen Gottesdienste ab. Auf einfachen Schemeln im Freien um das Gotteshaus sitzend, nehmen sie die Beichte ab, da die Kirche für die vielen Menschen viel zu klein ist. Kolonnen von betenden Gläubigern pilgern, ja rutschen sogar auf blutigen Knien zu dem vor 50 Jahren auf dem höchsten Hügel errichteten Kreuz, in dessen Nähe den

Kindern die Heilige Maria – die Gospa – erschienen war. Den Sehern, wie sie genannt werden, die unterdessen herangewachsen sind, Familien gründeten und ihren Berufen nachgehen, erschien noch lange Jahre die Muttergottes und trug ihnen Botschaften für die Menschheit auf. Trotz der uns vom Franziskanerpater Tomislav erläuterten Botschaften, dass der Mensch in Medjugorje seine »innere und äußere Heilung und bessere Zukunft bei Gott findet«, hat der Bruderkrieg die karstige Landschaft gestreift, auf deren winzigen Feldern mehr Stein als Brot wächst. Panzerspähwagen und Fahrzeuge der SFOR-Einheiten patrouillieren hier noch immer. Selbst die stürmische Industrialisierung der rückständigen Teilrepublik Bosnien-Herzegowina, wie etwa das aus dem Boden gestampften Stahlkombinat Zenica, dessen Stachanowist die erste Zehndinarnote nach dem 2. Weltkrieg zierte, oder die Ansiedlung westlicher Spitzenindustrien, wie des VW-Zweigwerkes in Sarajevo, konnten das Aufpeitschen und Aufbrechen nationalistischen Irrsinns auf Dauer nicht aufhalten. Letztlich uferte dies in einen blutigen Bürgerkrieg mit Merkmalen eines Glaubenskriegs aus. Ein weiteres journalistisches Opfer wurde der Reporter des Kroatischen Rundfunks, ZELKO RUZICIC, der aus dem belagerten Sarajevo berichtete. Ihn erschlug eine Granate vor dem Sitz des Staatspräsidiums von Bosnien-Herzegowina mitten in der Stadt, als er seine Bitte um Ausreisegenehmigung vorbringen wollte, um seine Familie zu besuchen. In seinem letzten Bericht für das in Zagreb erscheinende Abendblatt »Vecerni list« berichtete er über das »Flüchten von Menschen aus der Hölle von Sarajevo« über die Piste des Flughafens, der zwischen den Fronten lag. Das war das gefährliche, aber einzige Schlupfloch, durch welches westliche Berichterstatter hinein- und hinausschlüpfen konnten.

Im Laufe der Belagerung wurde unter den Pisten ein über 600 Meter langer Tunnel gegraben, durch welchen viele Tonnen Lebensmittel für die hungernde Bevölkerung von Sarajevo geschleust wurden und viele Menschen flüchten konnten. Der Tunnel war eine Art Einbahnweg, sodass er abwechselnd immer nur von einer Seite aus begangen werden konnte, was einmal mehr die übermenschlichen Leistungen der Helfer illustriert, die das Notwendigste durchschleppten. Kein Wunder, dass mich in dem engen, niedrigen Gang, von dessen Decke Erde und Sand bröckelte und den man nur in gebückter Haltung durchqueren konnte, Platzmangel befiel, sodass ich beim Verlassen des Tunnels nicht wusste, von wo mehr Gefahr drohte. Einer der Erbauer hat in seinem Häuschen nach dem Krieg nahe dem Tunnel eine Gedächtnisausstellung eingerichtet, die er stolz Besuchern für einen kleinen Obolus zeigt.

Die entfesselten Kriegsfurien fanden aber immer wieder neue Opfer. So den jungen Reporter IVO STANDEKER vom Blatt »Mladina« aus Laibach. Er wurde am 16. Juni 1992 durch einen Bauchschuss in einem Vorort von Sarajevo schwer verwundet. Der Kommandant der serbo-jugoslawischen Belagerer gestattete nicht, dass er über serbisch kontrolliertes Gebiet ins Krankenhaus nach Sarajevo transportiert wurde, wo eine lebensrettende Operation möglich gewesen wäre. Der junge slowenische Journalist, der wie Freiwild angeschossen worden war, verstarb nach qualvollen zwei Tagen hilflos in Pale, dem Befehlszentrum der »Republika Srpska Bosna«. »*Kaj je ostalo od Sarajeva*« – Was von Sarajevo geblieben ist –, titelte er seinen letzten Bericht aus Sarajevo im Blatt »Mladina«. »Die Bosniaken führen keinen heiligen Krieg, sie beherrscht vielmehr heilige Angst«, stellte er unter anderem fest und schildert ergreifend, wie tausende Bürger der Stadt in einer großen Höhle unter einem alten, türkischen Friedhof bei Vogosca Sicherheit vor Artilleriebeschuss suchen. »Am Ramazan, dem ersten Tag des Ramadan, explodierten die ersten Bomben. Einen Tag später mähten Salven Unzählige nieder, die für Frieden vor dem Bürgermeisteramt demonstrierten. Die Menschen liefen um ihr Leben, vor den dicht auf Sarajevo hagelnden Granaten – so begann die Belagerung.« Es gibt ein erschütterndes Detail über den Tod eines Kindes, das immer »Gute Nacht, Mutter, gute Nacht, Mutter! Gute Nacht, Granaten« wünschte, bevor es selbst erschlagen wurde. Es wurde von seiner Mutter auf dem riesigen Ali Paschino Polje beigesetzt, »unter einem kleinen Sandhügel, mit einem Fläschchen Limonade, einer Dose Kekse« und der letzten Bitte für den getöteten Ivo, »ihn im Massengrab doch zuoberst zu legen!« Den Leser springt die Angst an, die unter den wehrlosen Sarajevoern vor den hinterhältigen Artillerie- und Raketenüberfällen aus den umliegenden Bergen herrschte. Mit einem Dank an die Radioamateure, die seinen Frontbericht durchgegeben haben, schließt dieser mit »*Nadaljevanje sledi*« – Fortsetzung folgt. Die gab es nicht mehr, der slowenische Journalist STANDEKER wurde selbst Opfer! An seinem Todestag gedenken seiner slowenische und bosnische

Kollegen in dem Vorort von Sarajevo, Dobrinje, wo er tödlich verwundet worden war. Dobrinje war zur Winterolympiade für Sportler und Funktionäre für Unterkünfte aus dem Boden gestampft worden. Alleine der Sender RTV Sarajevo verlor 52 Mitarbeiter, teils bei der Ausübung ihres Berufes, als mobilisierte Soldaten der diversen »Streitkräfte« oder als Zivilisten im Kriegsalltag. Der Komplex des Gebäudes des Staatspräsidiums, wo den vorhin erwähnten Journalisten ZELKO RUZICIC der Tod ereilte, liegt übrigens nur einen Steinwurf von der Stelle entfernt, wo im Juni 1914 der serbische Schriftsetzer Gavrilo Princip mit seinem Mordanschlag auf das K. K. Thronfolgerpaar, Franz Ferdinand und Gattin Sophie, den 1. Weltkrieg ausgelöst hatte und wo kurz vorher auf dem Appelkai des Miljackaflusses ein erster Bombenwurf missglückt war. Ein 17-jähriger Gymnasiast, jüngster Verschwörer der »Schwarzen Hand«, stand Schmiere: Vasa Cubrilovic! »Ich habe mir fast in die Hosen gemacht«, gestand er freimütig in blendendem Deutsch, Jahrzehnte später, während eines Streitgespräches im Gebäude der Akademie der Wissenschaften in Belgrad. Ebenfalls Jahrzehnte später wurde der serbische Patriot Cubrilovic mit dem höchsten Orden Serbiens geehrt. Wohl als Trost, da Tito dessen Teilnahme am Attentat von Sarajevo nicht nur nicht würdigte, vielmehr den serbischen Ultranationalisten aus seiner ersten Nachkriegsregierung 1945 nach wenigen Wochen feuerte, in die er Cubrilovic als Landwirtschaftsminister berufen hatte. Dekoriert wurde er von Ministerpräsident Ivan Stambolic, den sein Protektionskind, Slobodan Milosevic, kurz darauf aus allen Ämtern verdrängte. Der abgehalfterte

Stambolic kehrte eines Tages vom morgendlichen Jogging entlang der Save nicht zurück. Seine Leiche wurde nach Jahren in der Fruska Gora, 60 km nördlich von Belgrad, exhumiert, nachdem ein Politgangster den Ort verraten hatte. Dass Milosevic davon nichts gewusst hätte, glaubt in Belgrad niemand, vielmehr dürfte Stambolic ein Hindernis auf dem Weg zur absoluten Macht gewesen sein. Prof. Vasa Cubrilovic aber war unterdessen zu einem der tonangebenden Intellektuellen in nationalistisch-serbischen Kreisen Serbiens geworden und er galt auch als einer der Mitautoren des berüchtigten »Memorandums« der Akademie. Der serbische Usurpator Milosevic machte das Memorandum zu seinem politischen Credo, womit er Serbien in einen politischen Machtrausch versetzte, was auf der gleichen Linie lag wie das Mordattentat von 1914. Milosevic führte Serbien nach vier verlorenen Kriegen im jugoslawischen Raum letztlich in den politischen Untergang. Dass der 1914 entfesselte Terror an seine Geburtsstätte nach Sarajevo zurückkehrte, belegen die riesigen Gräberfelder um das renovierte Olympiastadion, wo Moslems, Kroaten und Serben ihre letzte Ruhestätte gefunden haben. Diese Tragödie konnte die junge bosnische Studentin während ihres mir gegebenen so hoffnungsvoll klingenden Interviews 1984 nicht ahnen.

Im Kurort Ilidja vor den Toren Sarajevos, das mit der Straßenbahn erreichbar ist, übrigens der ersten elektrischen in der Öst.-Ung. Monarchie, hatte der K. K. Thronfolger Franz Ferdinand sein Quartier während der Manöver aufgeschlagen. Hier verbrachte er in einem Hotel seine letzte Nacht, vor dem verhängnisvollen Besuch am 28.

Juni 1914 in Sarajevo. Knapp hinter diesem Hotel in dem jetzt vernachlässigt wirkenden Kurort Ilidja, in dessen Nähe der Fluss Bosna entspringt, der dem Land den Namen gab, mahnt ein waffenstarrendes Lager französischer Fremdenlegionäre als Teil der SFOR-Friedenstruppe an die triste Gegenwart von Bosnien-Herzegowina.

Dass aber Wien bei dem jüngsten Waffengang 1990 – 95 in Bosnien-Herzegowina zumindest eine Nebenrolle gespielt hat, zeigt nur, wie eng verwoben dieser geografische Raum ist. Es galt während des Krieges in Bosnien als Drehscheibe, schon wegen der großen Zahl von Flüchtlingen – Moslems, oder auch hierher mit Massentransporten asyliert worden waren. Über Wien sollen moslemische Terroristen aus Nahost und Afrika sowie Waffen für die Moslems in Bosnien geschleust worden sein, heißt es aus Geheimdienstkreisen. Dass Waffen aller Art, Bomben, Munition, Ausrüstungsgegenstände, ja sogar Luftabwehrraketen aus dieser Zeit noch in Österreich verblieben sind oder von Schiebern wieder hierher verbracht wurden, haben Aktionen der österreichischen Polizei erst in jüngster Zeit aufgedeckt. Auch die Moslembrüderschaft soll in Wien Stützpunkte bei Sympathisanten haben, sowie Querverbindungen zu anderen moslemischen Organisationen in europäischen Staaten, aber auch nach Ägypten, Jordanien, Saudi-Arabien, Algerien usf. unterhalten.

Der Waffengang in Bosnien ist auf die Zahl der Moslems in Österreich nicht ohne Folgen geblieben. Alleine in Wien stellen die Moslems bereits die zweitstärkste Glaubensgemeinschaft mit knapp acht Prozent der Gesamtbevölkerung und Anzeichen deuten darauf hin, dass sie über die religiöse Schiene gut vernetzt und organisiert sind, weniger provokant und auffällig als in anderen europäischen Staaten, was aber über den tatsächlichen Grad ihrer Integration wenig aussagt. Vom Wiener Südbahnhof fahren zum Wochenende Dutzende bis zum letzten Platz belegte Busse in Richtung Bosnien und umgekehrt, die von Polizei und Zollbehörden nur stichprobenartig und oberflächlich kontrolliert werden können. Über die Stimmung und Vorgänge unter den Besuchern der rund 170 Moscheen und Gebetshäuser in Österreich – nahezu alle ohne Minaretttürme, ausgenommen in der Wiener UNO-City – weiß man in der Öffentlichkeit eigentlich nichts und die zuständigen Behörden wissen wohl genauso wenig wie in Deutschland, Frankreich oder Holland über die Gläubigen in den 2.000 islamischen Moscheen.

Wien hat als vormalige Hauptstadt des Vielvölkerstaates, der K. K. Monarchie den Ruf, Ausländer und Andersgläubige am schnellsten und reibungslosesten zu assimilieren. Ob dies aber gleichermaßen für die Hauptstadt der Republik Österreich gilt, diese Frage wagt niemand zu beantworten.

PS: Im März 2005 brachte es der Kommandant der italienischen SFOR-Einheit fertig, die im Laufe der Kämpfe um Sarajevo entfernte Gedenktafel für den Attentäter Princip an die moslemische Stadtverwaltung von Sarajevo zurückzugeben. Und das in einem Festakt mit wehenden EU-Flaggen, was die politische Einheit der EU in sonderbarem Licht zeigt, da das österreichische SFOR-Kontingent erst gar nicht gefragt wurde. Hierzu der italienische Historiker Giorgio Rumi:

»Warum soll man alte Wunden wieder öffnen? Princip war ein serbisch-bosnischer Extremist. Er war der Mörder [des K. K. Thronfolgers Franz Ferdinand und seiner Gattin Sophie], der das schwarze Loch schaffte, das der Balkan noch nicht geschlossen hat.«

FINALE IM KOSOVO

Mit den grell auflodernden Einschlägen der ersten Marschflugkörper der NATO auf dem Militärflughafen Batajnica bei Belgrad am 24. März 1999, zirka 22 Uhr, rief die Regierung den Kriegszustand aus, verfügte eine strenge Zensur und verschärfte die ohnedies unfreundliche Haltung gegenüber ausländischen Journalisten. Mehrere Dutzend Berichterstatter und Kameramänner, die von den Terrassen und Balkonen der Hotels Intercontinental und Hyat in Neu-Belgrad das unheimliche Schauspiel verfolgten, wurden von einer Alarmeinheit der Miliz zur Ausländerpolizei verbracht, dort registriert, verhört, eingeschüchtert und unter psychischen Druck gesetzt. Nach mehreren Stunden wurden die meisten im Morgengrauen zu ihren Unterkünften zurückgebracht, mit der Auflage, Jugoslawien binnen 24 Stunden zu verlassen, kritisiert Mathias Rüb, Korrespondent der FAZ. Einige ungarische, deutsche, italienische Korrespondenten waren im Polizeiquartier länger zurückgehalten worden, am längsten der Korrespondent des Bayerischen Rundfunks, Pit Schnitzler: gleich drei Wochen unter fadenscheinigem Vorwand. Der gezielte Schlag gegen die freie Berichterstattung zeigte unmittelbare Wirkung. Der freie Informationsfluss wurde abrupt gestoppt. Nahezu alle Berichterstatter westlicher Medien verließen Belgrad in einem Autokonvoi in Richtung Ungarn. Das Milosevic Regime entledigte sich der verhassten westlichen Journaille. Auch in der Provinzhauptstadt des Kosovo, Pristina, wurde auf ähnliche Weise gegen ausländische Journalisten vorgegangen, allerdings wesentlich rücksichtsloser, sodass diese binnen weniger Stunden das Land in Richtung Mazedonien fluchtartig verlassen mussten. Journalisten wurden nicht als neutrale Beobachter akzeptiert, vielmehr als Feinde angesehen und mit allen Mitteln mundtot gemacht. Auch der noch beschränkt informativ berichtende Stadtsender in Belgrad, Radio 92, musste den Betrieb einstellen. Knapp 24 Stunden nach Verhängung des Ausnahmezustandes war die Berichterstattung aus Rest-Jugoslawien praktisch gleichgeschaltet. Es gab nur noch die von einer strengen Zensur gefilterten und moderierten Berichte im Sinne des herrschenden Regimes, wobei Rundfunk und Fernsehen in Serbien und Montenegro eine entscheidende Rolle zugedacht wurde. Sie waren die vom Regime direkt beherrschten Medien, die für den serbischen Normalverbraucher der Wahrheit letzter Schluss waren. Die westlichen, aber auch östlichen Journalisten, denen die Belgrader Regierung die Ausreise »nahe« gelegt hatte, kamen so wenigstens mit dem Leben davon, während andere weniger Glück hatten, die ihre journalistische Arbeit trotz aller Gefahren fortsetzten, oder auch gezwungenermaßen, als Angestellte staatlicher serbischer Medien, an ihrem Arbeitsplatz ausharren mussten. Auch für sie leitete der Kriegszug des serbischen Präsidenten Slobodan Milosevic gegen die albanische Bevölkerung im Kosovo, die offiziell höhnisch nur als »Skipetaren« oder »Türken« apostrophiert wurden, das blutige Finale der Kriege im jugoslawischen Raum ein.

Die ethnischen Säuberungen im Kosovo, das heißt die Vertreibung hunderttausender Kosovo-Albaner und die blutigen Gemetzel der Milosevic Polizei unter des Widerstandes verdächtigten albanischen Familien, waren bekanntlich der letzte Anlass für das Eingreifen der NATO.

Die serbisch-albanischen Spannungen hatten sich im Schatten der Ignoranz Europas jahrzehntelang aufgestaut. Die Kosovo-Albaner waren nie nach ihren Vorstellungen befragt worden, vielmehr wurde über ihre Köpfe hinweg Kosovo 1912 Serbien zugeschlagen. Eingangs verwies ich darauf, dass mit dem Aufpeitschen des serbischen Nationalismus eine Separierung der Nationalitäten einsetzte, die auch in der bis dahin multinationalen Metropole Jugoslawiens, Belgrad, augenfällig wurde. Das Gesicht der Großstadt war auch durch Gastarbeiter aus dem jugoslawischen Raum geprägt, unter anderem durch *siptari*, wie die Albaner aus dem Kosovo und Mazedonien genannt wurden.

Ihre Anwerbestellen waren auf Belgrader Märkten oder in der Nähe des Donauhafens. Hunderte junger Männer mit dem weißen Filzkäppi und einem Beil im Gürtel als Zeichen ihres Standes warteten dort auf Arbeit. Wie auf einem orientalischen Sklavenmarkt befummelten Belgrader Hausfrauen die Muskeln der lachenden *siptari*, bevor sie mit ihnen einen Preis aushandelten. Mit meinem serbischen Vermieter suchten wir einmal zwei *siptari* zur Hilfe bei Reparaturarbeiten, die wir im Auto auch gleich mitnahmen. Die erstaunten Gesichter und Geflüster der beiden veranlassten mich nachzufragen. In gebrochenem Serbisch erklärten sie, dass eine Mitnahme im Auto durch serbische »Herrschaften« ungewöhnlich wäre, sie vielmehr zur angegebenen Adresse zu Fuß oder mit dem Bus kommen müssten. Das erklärte wohl, weshalb sich auf den Plattformen der städtischen Busse die *siptari* drängten und keine Sitzplätze beanspruchten. Das solche Klassen- oder auch Rassenunterschiede in der angeblich klassenlosen Gesellschaft im sozialistischen Jugoslawien nicht zu einem Zusammenleben der Nationen im Vielvölkerstaat beitragen konnten, liegt nahe. Eine ähnliche Erfahrung hatte ich vordem mit einem so genannten »Haus-Skipetaren« erlebt, welche es in Belgrad in größeren Wohnhäusern oder in Villenvierteln eben für mehrere Häuser gab. Sie sorgten für eine klaglose Heizung, Gartenpflege, Reinigung der Stiegenaufgänge oder Gehsteige im Winter usf. Als einmal unversehens ein angemieteter Kellner für einen Abschied ausfiel, den wir für einen abberufenen deutschen Kollegen gaben, erbot sich unser Haus-Skipetar einzuspringen. Zur Überraschung erschien er in weißer Kellnerjacke mit weißen Handschuhen und servierte durchaus gekonnt Getränke. Dass er hierbei öfter die Hacken zusammenschlug, drängte mich später zur Frage, wo er denn das gesehen hätte. Eine unglaubliche Geschichte war die Antwort des damals etwa 50-jährigen Mannes. In Breslau hatte er als Freiwilliger einer albanischen Hilfstruppe der Deutschen Wehrmacht im Kasino servieren gelernt! Das war auch der Grund, weshalb er in einem Gartenhäuschen in Belgrad lebte, getrennt von seiner Familie, die ihn ab und zu besuchte. Auf Geheiß seines Clans sollte er nicht im heimatlichen Dorf im Kosovo leben, um Unannehmlichkeiten mit der Staatsmacht zu vermeiden. Ansonsten hausten die albanischen Gastarbeiter zusammengedrängt in Kellerlöchern, um die sündhaft teuren Mieten zu teilen und die erarbeiteten Dinare für ihre Familien zu sparen. Belgrader Blätter berichteten häufig über Handgreiflichkeiten zwischen den *siptari,* manchmal mit tödlichem Ausgang. Die *siptari* zogen sich mit den aufbrechenden zwischennationalen Animositäten geradezu schlagartig in ihre Heimat im Kosovo und Mazedonien zurück – zweifellos mit Groll, da sie auch Arbeit und Verdienst verloren hatten –, wo sie dann für den albanischen Nationalismus und Parolen des Separatismus umso empfänglicher waren. Der ausgeprägte Familienzusammenhalt der Sippen bildete das soziale Auffangnetz.

Die von Milosevic angeordneten Schauprozesse gegen führende kosovo-albanische Persönlichkeiten, wie etwa das ZK-Mitglied des BdKJ, Asim Vlasi, der durchaus jugoslawisch orientiert war, kappten die letzten Verhandlungskanäle mit Belgrad, das mit dem willfährigen Generalstabschef der Jugo-Armee, Nebojsa Pavlovic, auf Krieg und Vertreibung der albanischen Bevölkerung im Kosovo hinsteuerte.

Der gewaltlose Widerstand und die Geduld, in der die Kosovo-Albaner seit der Aufhebung der Autonomie durch das Milosevic Regime verharrt hatten, bröckelte mit den ersten Schießereien ab, ohne dass die tonangebenden Mächte in Europa, allen voran England und Frankreich, dem sich anbahnenden, blutigen Konflikt ernsthaft vorgebeugt hätten. Diplomatische Alibiaktionen waren zu wenig.

Im Schatten der dramatischen Ereignisse und des NATO-Bombardements ist der tragische Tod von 16 Mitarbeitern des Senders RTV Serbien nahezu kaum beachtet worden. Erst der Strafprozess gegen den Direktor des RTV Serbien, Dragoljub Milanovic, vor einem Belgrader Gerichtshof und seine Aburteilung zu zehn Jahren Gefängnis am 21. Juli 2002 haben das erschütternde Geschehen wieder ins Gedächtnis gerufen. Das Gericht fand Dragoljub Milanovic am Tode von 16 Mitarbeitern des Fernsehsenders in Belgrad schuldig. Milanovic hatte trotz Warnung des NATO-Oberkommandos den untergebenen Journalisten, Kameramännern, Toningenieuren und technischen Angestellten befohlen, die Sendeanlagen zu besetzen und in Betrieb zu halten, und offizielle Warnungen in den Wind geschlagen. In der Gerichtsverhandlung kam zu Tage, dass er die Angestellten im Sender von der Warnung der NATO noch nicht einmal in Kenntnis gesetzt hatte. Zweifellos wieder besseres Wissen, da Sender bei Bombardements nicht nur bevorzugte Ziele sind, vielmehr der Sender in der Hauptstadt das Sprachrohr und bevorzugte Propagandaorgan des serbischen Diktators Milosevic war. Die 16 bedauernswerten Opfer, die ihre beruflichen Pflichten nachkommen mussten und die am 23. April 1999 während des gezielten Bombardements des Senders umgekommen waren, werden durch das Gerichtsurteil über Direktor

Milanovic, der ihre rechtzeitige Evakuierung vereitelt hatte, leider nicht mehr lebendig. Dass der enge Vertraute des serbischen Präsidenten Slobodan Milosevic von einem serbischen Gericht in Belgrad mit einer hohen Freiheitsstrafe bestraft wurde, zeigt, dass das Gerichtswesen in Serbien mit der Willkürherrschaft des Milosevic Regimes abrechnet und einer demokratischen Entwicklung auch im Justizwesen der Republik Serbien-Montenegro den Weg ebnet. Laut »Reporter ohne Grenzen« wurde aber eine Klage der Familienangehörigen dieser Opfer beim Europäischen Gerichtshof für Menschenrechte gegen 17 an der Intervention im Kosovokrieg beteiligte NATO-Staaten abgelehnt, da die Rechtsvorgängerin – die Föderative Republik Jugoslawien – nicht Mitglied des Rates der 41 Mitgliedsländer ist und sich deshalb für unzuständig erklärt hat. Somit müsste der Staat Serbien für finanzielle Entschädigungen an die Angehörigen gerade stehen.

Im Kosovo waren mit der Aufhebung der Autonomie der südlichen Provinz durch das serbische Parlament am 5. Juli 1990, also neun Jahre vor der NATO-Aktion, alle kosovo-albanischen Angestellten – etwa 150 – des RTV Serbien fristlos entlassen und über sie ein Hausverbot verhängt worden, auch über einige albanische Übersetzer, die beim Sender Belgrad gearbeitet hatten. Mit der Serbisierung der Informationspolitik wurde die verhängnisvolle Krise im Kosovo noch angeheizt. »Kosovo ist urserbisches Land und muss wieder serbisch werden«, hatte Slobodan Milosevic in seiner Brand-Rede zum 500. Jahrestag der verlorenen Schlacht auf dem Amselfeld – *Kosovo Polje* –, albanisch *Frusha Kosova,* verkündet. Was Josip Broz Tito mit der ausbalancierten Verfassung von 1974 den Kosovo-Albanern an autonomen Rechten zugestanden hatte, wurde vom Milosevic Regime mit einem Federstrich auf eine Art von Apardheitsystem zurückgestutzt, was die innenpolitische Krise in Jugoslawien systematisch verschärfte und von der albanischen Mehrheitsbevölkerung im Kosovo nicht widerspruchslos hingenommen wurde. Die staatlichen Medien im Kosovo, vor allem Rundfunk und Fernsehen, spielten bei der Vertreibung hunderttausender Kosovoalbaner eine aktive Rolle. Laut albanischen Informationen sollen über den Sender Pristina auch Befehle und Weisungen des jugoslawischen Armeekommandos verbreitet worden sein, von der gezielten Hetze gegen die albanische Mehrheitsbevölkerung abgesehen.

Das Konzept zur Lösung des Kosovoproblems hatte der bereits erwähnte Vasa Cubrilovic, Mitglied der Akademie der Wissenschaften Serbiens, in einem Aid-Memoire erstmals bereits 1937 aufgestellt. Darin forderte er wörtlich die »Vertreibung der Albaner als einzig mögliche Lösung, mit brutaler Gewalt durch eine organisierte Staatsmacht«. Professor Cubrilovic, der als jüngster Attentäter auf das K. K. Thronfolgerpaar in Sarajevo 1914 von sich reden gemacht hatte, war von Tito, wie bereits erwähnt, 1945 in die erste jugoslawische Nachkriegsregierung als Landwirtschaftsminister berufen, aber schon wenige Monate später wegen serbisch-chauvinistischer Kapriolen entlassen worden. Nach Ausklingen der Tito-Ära, also Jahrzehnte später, wurde er vom damaligen Präsidenten Serbiens, Ivan Stambolic, mit dem höchsten Orden ausgezeichnet. Dass Stambolic, der politische Ziehvater

Milosevics mit dessen Wissen, wenn nicht gar in seinem und im Auftrage seiner Frau Mira Markovic-Milosevic später ermordet wurde, wirft nur ein bezeichnendes Schlaglicht auf die Methoden im politischen Machtkampf auf dem Balkan. Die Massenvertreibungen von Kosovo-Albanern – manche Quellen führen 1,5 Millionen an – setzten schon vor dem 78-Tagekrieg der NATO vom 24. März bis 9. Juni 1999 ein, der an und für sich auf den Schutz der Kosovo-Albaner abgezielt hatte und das Milosevic Regime strafen sollte. Der ungeklärte Tod von MEHMET AGANI, einem Soziologen und Journalisten, der Mitglied der kosovo-albanischen Delegation bei der vorangegangenen, gescheiterten Friedensfindung in Ramboulliet in Frankreich war, im Mai 1999 in Pristina, dürfte Auseinandersetzungen und Machtkämpfen im Lager der Albaner zuzuschreiben sein. Er muss als das erste journalistische Opfer und das bisher einzige albanische im Kosovokrieg angesehen werden.

Der angesehene Mehmet Agani soll den Vorschlägen in Ramboulliet positiv gegenübergestanden haben, um wenigstens etwas für Kosova friedlich herauszuschlagen. Ramboulliet bot dem serbischen Präsidenten Slobodan Milosevic die letzte Chance, aus der Kosovokrise politische Vorteile mitzunehmen, bei Wahrung des Gesichtes. Einer der Chefverhandler, der österreichische Diplomat Wolfgang Petritsch, berichtete, dass den »Serben bei einem Bevölkerungsanteil von nur 10 Prozent rund 40 Prozent Einflussmöglichkeiten in den demokratischen Strukturen eines weitgehend autonomen Kosovo eingeräumt« worden wären, voraussichtlich auch noch militärisch abgesichert. Der

Hasardeur Milosevic lehnte die die albanische Mehrheit im Kosovo geradezu krass benachteiligenden Vorschläge in Ramboullie brüsk ab und provozierte damit die NATO-Intervention. Der von den Alliierten hofierte Milosevic spekulierte auf einen Vertrag à la Dayton, in welchem den 30 Prozent Serben von Bosnien-Herzegowina knapp 50 Prozent des Territoriums dieser Teilrepublik zugestanden wurden, der Rest dem größten Volk in Bosnien-Herzegowina, den Moslems. Dass sich das von dem Macher, Holbrook, einem ranghohen US-Diplomaten ausgehandelte Dayton-Abkommen als Hemmschuh für eine friedliche Entwicklung entpuppte und eigentlich revidiert werden müsste, dämmert der europäischen Diplomatie reichlich spät. Dass Holbrook den Aggressoren, den bosnischen Serben, geografisch weit mehr als proportionelle Gleichberechtigung auf Kosten der Moslems und Kroaten eingeräumt hat, hält bei den benachteiligten Entitäten die Meinung aufrecht, dass es sich um ein Provisorium handelt. Kein Wunder, dass »Dayton« in den Ruf einer Atempause im Kriegsgeschehen gerät, trotz Absicherung durch einige zehntausend SFOR-Soldaten. Westliche Investoren zögern wie in Bosnien-Herzegowina, so im Kosovo, sodass das Leben auf der Stelle tritt. Wie unklar nach wie vor die Lage im Kosovo ist, zeigt der Tod des albanischen Journalisten des Blattes Bota Sot, BEKIM KASTRATI. Er wurde während der Wahlkampagne für die Demokratische Liga 2001 erschossen. Drei Verdächtige wurden ein Jahr später gefasst.

Auf dem Höhepunkt der Kosovokrise im Juni 1999 herrschte in der südlichen Provinz des ehemaligen Jugoslawien blankes Chaos. Vom

Norden und Nordwesten her marschierten NATO- und KFOR-Truppen im Kosovo ein, vom Süden her drängten hunderttausende vertriebene und geflüchtete Kosovo-Albaner in ihre Heimatdörfer zurück, vor ihnen zogen sich in aller Eile schwer bewaffnete Milizen und Sondereinheiten des Milosevic Regimes sowie reguläre Truppen der Jugoslawischen Armee in Richtung Serbien zurück. Ihr Rückmarsch ähnelte eher einer Flucht vor den NATO-Bombern, sie nutzten bombardementfreie Tage. Eine kanadische Einheit fing am Spätnachmittag des 13. Juni 1999 den Funkspruch eines gepanzerten Stoßtrupps auf, der die Übergänge vom Kosovo zum benachbarten Mazedonien erkunden beziehungsweise besetzen sollte. Kanadische Soldaten waren auf die Leiche eines Zivilisten und einen Schwerverletzten gestoßen, offenbar Europäer, kurz darauf auf eine weitere Leiche. Ein Team von »Ärzte ohne Grenzen«, das erste Hilfe leisten wollte, identifizierte sie anhand gefundener Reisepässe und Ausweise als die deutschen Journalisten Gabriel Grüner und Volker Krämer. Der dritte war ihr Dolmetscher und Fahrer, der Mazedonier Senol Alit. Vom Fahrzeug der drei war weit und breit keine Spur.

Gabriel Grüner, außenpolitischer Redakteur des »Stern«, verstarb einige Stunden später in einem Spitalzelt der Briten, für den Stern-Fotografen Volker Krämer und den Fahrer Senol Alit war jede Hilfe zu spät gekommen. Äußerst schwierig gestalteten sich die Nachforschungen nach den Tätern, denn dass die drei eines gewaltsamen Todes gestorben waren, stand auf Grund der festgestellten Schusswunden außer Zweifel. Waren es Heckenschützen, waren es Raubmörder, die das herrschende Chaos nutzten, oder waren die drei Opfer in Kämpfe zwischen den Fronten geraten?

Die beiden deutschen Journalisten Gabriel Grüner und sein Fotograf Volker Krämer waren erfahrene Kriegsberichterstatter, die schon von anderen Schauplätzen berichtet hatten. Sie galten auch als besonnen. Gabriel Grüner (35), ein gebürtiger Südtiroler, wird von der Redakteurin Iris Radish der angesehenen Wochenzeitschrift »Die Zeit«, wo er vor Jahren als Hospitant im Feuilleton tätig war, als »ungemein sympathischer Hamburger Kollege« geschildert. »In Hamburg teilte er das Leben mit einer Modejournalistin. Als er 1999 im Kosovo auf einer Reportagereise erschossen wurde, erwartete das junge Paar gerade das erste Kind«, heißt es zu Gabriel Grüner in »Die Zeit«. Der Fahrer des Autos der beiden deutschen Journalisten, Senol Alit, zählte zur albanischen Minderheit in Mazedonien, der auch gut serbo-kroatisch gesprochen haben soll. Also ein durchaus ortskundiger Fahrer und Dolmetscher, der im übrigen nicht das erste Mal Berichterstatter durch Krisengebiete kutschierte.

Der Korrespondent der bekannten nordamerikanischen Zeitschrift »Newsweek«, Mark Dennis, nimmt die getöteten deutschen Journalisten und ihren Fahrer in Schutz, da sie seiner Meinung nach mit Sicherheit die Gefahren und die vorherrschende Situation im Kosovo einzuschätzen gewusst hätten. Er verweist darauf, dass noch immer Kämpfe zwischen der albanischen Rebellenarmee UCK und den sich zurückziehenden serbischen Einheiten in den Bergen zwischen Pristina und Prizren angehalten hätten. Der amerikanische Korrespondent

Mark Dennis war auch Zeuge, als der Funkspruch über die Auffindung der getöteten Journalisten bei einer Straßensperre kanadischer Soldaten bei Prizren, einer Hochburg der Kosovo-Albaner, eintraf, wo er auf Flüchtlinge wartete, um sich über die allgemeine Lage und dann im Besonderen über das Schicksal der deutschen Berichterstatter zu informieren. Er erinnert sich in einer Story für »Newsweek«, dass die Ärzte, die die drei geborgen hatten, dass auch kommandierende NATO-Offiziere über die vielen Journalisten im unruhigen und von Kämpfen geschüttelten Kosovo klagten und von einem »journalistischen Wanderzirkus« sprachen, der keine Ahnung von der Gefährlichkeit der Situation hätte. Laut später von der »Stern«-Redaktion erhobenen Recherchen soll auf dem Dulje-Pass an der Grenze zwischen dem Kosovo und der Republik Mazedonien noch ein Kontrollpunkt der Jugoslawischen Armee gehalten worden sein. Anonyme Augenzeugen berichteten von einem in rasender Fahrt aus Richtung der Stadt Prizren eintreffenden PKW, der nicht mehr bremsen konnte und auf einen parkenden Lastwagen der Armee aufgeprallt sein soll. Der mit einer Kalaschnikow bewaffnete Fahrer kletterte in Panik aus dem havarierten Fahrzeug, einem Toyota, und hielt den hinter ihm eintreffenden PKW an, mit dem die beiden deutschen Journalisten, ebenfalls aus der albanischen Stadt Prizren kommend, in Richtung der knapp 60 Kilometer entfernten mazedonischen Hauptstadt Skopje wollten, wo sie ihr Standquartier hatten. Nach einem heftigen Wortwechsel, während dem der mit der Kalaschnikow Bewaffnete in russisch die Insassen des »Stern«-Fahrzeuges aufgefordert haben soll, dieses sofort zu verlassen, eröffnete er das Feuer und mähte die Insassen nieder. Alle drei Opfer soll er aus dem Wagen gezerrt, auf die Straße geworfen haben und dann mit dem gestohlenen Fahrzeug davongebraust sein, ohne dass der jugoslawische Armeeposten eingegriffen hätte. Die widersprüchliche Darstellung wirft vor allem die Frage auf, wieso die jugoslawischen Soldaten dem Mordanschlag tatenlos zugesehen haben. Mit Überraschung allein kann dies kaum erklärt werden, da sie dem flüchtenden Fahrzeug auch nicht nachgeschossen haben. Vielleicht weil der Täter eine jugoslawische Uniform trug? Woher tauchte plötzlich der Name des Täters, Alexander T., auf? War er etwa einer der zahlreichen russischen Freiwilligen, die auf Seiten der Milosevic-Truppen im Kosovo gegen die Albaner gekämpft hatten? Die an der rigorosen Vertreibung der Kosovo-Albaner beteiligt waren? Man konnte diese jungen Männer, teils Zaporoschjekosaken in ihren malerischen Litewkas und Papachas, in Belgrad häufig am abendlichen Korso in der Knez Mihajlova stolzieren sehen. Auch in sowjetischen Uniformen mit Dienstgraden auf den Epauletten. Der russische Ultra Wladimir Zirinowski hatte bekanntlich in Moskau ein Rekrutierungsbüro unterhalten, in dem er Freiwillige zum Kampf an der Seite der serbischen Brüder anwarb, die er in JAT- oder AEROFLOT Passagiermaschinen nach Belgrad einflog, wo sie von dem serbischen Ultra und Cetnikwojwoden Seselj in Empfang genommen wurden. Ob sie von ihm oder von der jugoslawischen Armee eingekleidet und bewaffnet wurden, ist unklar. Jedenfalls waren sie an vielen Brennpunkten in Einsatz. Freiwillige diverser Nationen und Ideologien kämpften im jugoslawischen Raum auf Seiten aller Kriegsparteien, auch als Söldner für schnöden Mammon. In Bosnien hatten sich mehrere Hundert Mudjahedins aus arabischen Ländern und Afghanistan den moslemischen Bosniaken angeschlossen, die angeblich von Saudi-Arabien fürstlich honoriert worden sein sollen. Sie wurden nach dem Kriege vielfach in Bosnien eingebürgert und bilden heute nicht nur einen harten islamistischen Kern, sondern bereiten den Bosniaken manche Probleme, da die Moslems in Bosnien-Herzegowina doch eher europäisch orientiert sind. Bei den Kroaten spielten im Krieg die Geldgeber eine wichtige Rolle. Kroatische Emigranten, die bereits zur Titozeit Reißaus genommen hatten, waren in den USA, Australien, Südamerika etc. erfolgreiche Geschäftsleute geworden, an deren Patriotismus der kroatische Präsident Franjo Tudjman appellierte und sie ungeniert anschnorrte, um seine Streitkräfte bewaffnen zu können. Die Bewaffnung und Fahrzeuge der aufgelösten DDR-Armee waren preiswert auf dem Markt. Die Serben hatten es da einfacher. Sie wechselten während des Krieges in Bosnien von Serbien nach Serbisch-Bosnien und umgekehrt. Zahlreiche serbische Freiwillige waren auch beim Milosevic-Feldzug im Kosovo mit dabei, das als urserbisches Land gilt und seit der verlorenen Schlacht am Amselfeld 1389 die blutende Wunde der Serben bleibt, welchen Mythos vor allem die serbisch-orthodoxe Kirche aufrechterhält und pflegt. Aber auch viele serbische Gastarbeiter kehrten aus Deutschland, Österreich, Schweden usf. nach Hause zurück, um für Serbien zu kämpfen, und sei es nur während eines Urlaubes. Eine Besonderheit bildeten so genannte

»Jäger«. Sie flogen zum Wochenende mit der JAT oder mit Maschinen der LUFTHANSA ein, stiegen am Belgrader Flughafen Surcin in wartende Kombis um, wo sie von ihren Betreuern mit Schusswaffen ausgerüstet wurden und an die knapp 100 km entfernte Front nach Bosnien zur »Hasenjagd« gekarrt wurden. Am Montag kehrten sie dann wieder rechtzeitig zurück, um am Arbeitsplatz oder im eigenen Laden zu sein.

Das Rezept für Kosovo – »Standard vor Status« – spiegelt die Ratlosigkeit und Unentschlossenheit des UN-Weltsicherheitsrates: Letztlich entpuppte es sich für eine politische Lösung des Kosovo als untauglich, kann aber als vorbereitende Übergangslösung einen Ausweg bieten. Die UNMIK – United Nations Interim Administration Mission –, welche 1999 eingesetzt wurde, sollte die Basis für einen dauerhaften Frieden schaffen, da die Resolution des UN-Sicherheitsrates 1244 die eigentliche Ursache des Konflikts, nämlich den Status des Kosovo, ungelöst ließ.

Die KFOR – Kosovo Force der NATO, mit Truppen aus 37 Ländern – soll die Friedensmission der UNMIK absichern. Immerhin schaffte UNMIK seit ihrem Bestehen unausweichliche Voraussetzungen für eine anstehende politische Lösung, wie Aufbau einer funktionierenden, zivilen Verwaltung, demokratische Institutionen, Ansätze zur Rechtsstaatlichkeit und Marktwirtschaft, Privatisierungen, Eigentumsrechte, Bewegungsfreiheit etc., stellte der deutsche Kosovobeauftragte Steiner fest. Versagt hat UNMIK bei der Verankerung von Multiethnizität und Belebung des Wirtschaftslebens; 70 Prozent Arbeitslosigkeit und nahezu keine ausländischen Investitionen, ohne die die Wirtschaft nicht in Schwung gebracht werden kann, sind traurige Beweise für das Versagen internationaler Instrumente, und das trotz geschätzter Kosten von bisher drei Milliarden Euro. Auch die blutigen Märzunruhen 2004, als die Serben im Kosovo Opfer waren, sind kein Ruhmesblatt der KFOR, obwohl ihre Enklaven von KFOR-Truppen bewacht und geschützt werden sollten. Das Bundesdeutsche Truppenkontingent – eines der größten – ist wegen Untätigkeit in die internationale Kritik geraten. Ob schnelle, zahlenmäßige Aufstockung nahezu aller KFOR-Kontingente auf Dauer Sicherheit gewähren kann, wird sich erst zeigen. Jedenfalls scheint die internationale Gemeinschaft erkannt zu haben, dass weiteres Zögern und Unentschlossenheit bei der Regelung der Kosovofrage nicht mehr verantwortet werden können.

Kroaten hatten es da einfacher, sie kamen ohne Flugverbindungen aus. Sie fuhren aus Deutschland, der Schweiz, Österreich mit dem PKW oder im Zug an und reihten sich als Freiwillige in Kampfeinheiten der Kroatischen Armee ein. Es gab aber auch junge Kroaten aus den USA und Australien, die die Heimat ihrer Väter noch nie gesehen hatten, aber für Kroatien mit der Waffe kämpfen wollten. Sie wurden in kroatischen Illustrierten und Blättern als Helden groß herausgebracht, bis sich diverse ausländische Konsulate für ihre Staatsbürgerschaft zu interessieren begannen. Die Kosovo-Albaner wiederum unterhielten ihre Ausbildungslager knapp hinter der Grenze zur Nachbarrepublik Albanien, wo sie von Instrukteuren der albanischen Armee trainiert wurden. Die kosovo-albanische Befreiungsarmee UCK – *Ushtria Clirimtare es Kosoves* – musste nie über mangelnden Zulauf klagen, auch nicht über Mangel an Unteroffizieren und Offizieren, die aus der Jugoslawischen Volksarmee desertiert waren. Die unerwartete Eruption nationalen Hasses im März 2004, die sich an zwei ertrunkenen albanischen Jungen im Grenzfluss Ibar in der geteilten Stadt Mitrovica entzündete, traf KFOR und UNMIK völlig unerwartet. Entlarvt wurde dadurch die Untätigkeit der UNO und der EU, die von der Erwartung ausgingen, dass das UNO-Protektorat Kosovo ein friedliches Zusammenleben von Albanern und Serben ermöglichen und sich die Kosovofrage so mit der Zeit von alleine erledigen würde. »Das von UNMIK fünf Jahre gebaute Kartenhaus im Kosovo stürzte in nur zwei Tagen zusammen«, stellte die Belgrader Zeitschrift »Vreme« fest, und erstmals auch, dass eine Segregation unumgänglich sei. Diesmal waren die Opfer die Serben im Kosovo, deren Dörfer brannten, obwohl ihre Enklave von KFOR bewacht wurden. Klöster und Kirchen, unersetzbare serbische Kulturgüter aus dem Mittelalter, wie Visoki Decani (1327-55), wurden vernichtet und tausende Serben mussten flüchten.

UNMIK hat sich nach den für die Albaner siegreichen allgemeinen Wahlen für neue Rezepte entschieden und angekündigt, den Albanern mehr Rechte und Pflichten einzuräumen. Die Serben haben auf Weisung von *hardlinern* aus Belgrad und auch der erzkonservativen Führung der Orthodoxen Kirche die Wahlen boykottiert, der alte und neue Präsident Ibrahim Rugova hat aber die für Serben und andere Minderheiten im Kosovoparlament reservierten Sitze freigehalten. Also anders als Milosevic bei den Parlamentswahlen 1999, als er den Boykott der Kosovo-Albaner für sich nutzte, indem er die ihnen zustehenden Sitze im Bundesparlament willkürlich seinen Anhängern zuschanzte und sich somit eine komfortable Mehrheit sicherte. Aus der UNMIK (UN-Verwaltung) des Kosovo-Protektorates verlautet, dass bei den für 2006 angesetzten Verhandlungen über den Endstatus des Kosovo den gewählten Organen der Kosovo-Albaner mehr Kompetenzen zugestanden werden sollten, wobei nach wie vor Unklarheit herrscht, wie weit solche Kompetenzen gehen sollten. Irgendeine Form der Eigenstaatlichkeit des Kosovo scheint den Verantwortlichen der UNMIK nicht vorzuschweben, obwohl die Kosovo-Albaner auf Unabhängigkeit von Belgrad und Serbien drängen. Das läuft auf eine diplomatische und politische Quadratur des Kreises hinaus. Die Aufstockung der KFOR-Verbände im Kosovo bzw. der EDFOR, durch besser bewaffnete und flexiblere Einheiten, auch in Polizeiaufgaben, dürfte ein ebenso untauglicher Versuch zur Lösung der Dauerkrise im Kosovo sein wie die Forderung Belgrads nach Rückkehr bewaffneter serbischer Einheiten, Militär und Polizei, in die unruhige Provinz. Der serbische Premier Vojislav Kostunica, der als »gemäßigter Nationalist« bezeichnet wird, hat mit Zustimmung aller Parteien im Belgrader Parlament (in dem seit den von Milosevic 1999 manipulierten Wahlen keine albanischen Abgeordneten aus dem Kosovo einen Sitz haben) an die UN den Vorschlag gerichtet, eine autonome Region für die serbische Minderheit im Kosovo zu schaffen und zu garantieren.

Für die im Kosovo lebenden Serben – 100.000 bis 200.000 Seelen – wird etwa ein Drittel des Territoriums gefordert, der Rest könnte den knapp zwei Millionen Albanern verbleiben. Der von Kostunica vorgesehene Teilungsplan für das Kosovo sollte nach Meinung Belgrads die Grundalge für die Lösung der Kosovofrage sein, was wiederum auf einhellige Ablehnung der Kosovo-Albaner stößt.

Dass bei der Lösung des Kosovoproblems nicht nur nationale, sondern auch ökonomische Ansprüche eine Rolle spielen, liegt nahe. Kosovo gilt als eine Schatzkammer an Bodenschätzen. Im Boden lagern enorme Vorkommen, etwa 100 Mrd. Tonnen Lignit, Nickel, Bauxit, Betonit, Mangan, Zink, die nur in geringem Maße abgebaut werden, ausgenommen raffiniertes Blei bei einem der größten Weltproduzenten im Kombinat Trepca bei Kosovska Mitrovica. Die unermesslich reichen Bodenschätze sind für die unnachgiebige Haltung und Forderung nach Vorherrschaft wohl zumindest so gewichtig wie der schwindende Anteil der Serben an der Gesamtbevölkerung der Provinz. Das nun Jahre anhaltende Hinausschieben einer dauerhaften Lösung des Status des Kosovo, von dem Belgrad als »urserbisches« Land nicht lassen will und kann, hält die aufgestauten Spannungen nicht nur auf kleiner Flamme, sie verschärfen sich. Die ungelöste Frage des Kosovo, die durch die UN-Resolution 1244 in der Schwebe gehalten wird, könnte so den Balkan noch Jahre in Atem halten und natürlich auch Europa.

Will die UN und die EU nicht einen neuen Krieg auf dem Balkan riskieren, der sich schnall zu einem unkontrollierbaren Flächenbrand ausweiten könnte, sind klare Entscheidungen dringend geboten. Auf dem Berliner Kongress 1878 konnte Bismarck noch behaupten, »keine Albaner zu kennen«, was der Weltsicherheitsrat und die EU-Zentrale in Brüssel heue nicht mehr können. Zu dem Berliner Kongress hatte die »Liga von Prizren«, einer historischen Stadt im Kosovo, die auch während der blutigen Unruhen im März 2004 eine zentrale Rolle spielte, ihre Delegation entsandt. Bismarck empfing sie erst gar nicht. In den Köpfen der Männer der »Liga von Prizren« spukte wohl noch nicht die Idee eines Groß-Albanien, aber ein Blick auf die Karte des Balkans zeigt diese Möglichkeiten auf. Entlang den Grenzen der Republik Albanien siedeln geschlossene albanische Minderheiten in Montenegro, Kosovo, Mazedonien, Nord-Epirus. Die italienische Besatzungsmacht hatte im letzten Weltkrieg mit Erlass des Königs Vikor Emanuel vom 12. Juni 1941 ein Groß-Albanien gebildet, zu dem sogar Teile des Sandjak gehörten. Zum albanischen König wurde Umberto von Savoyen, der italienische Thronfolger von Rom eingesetzt. Das ist zwar schon Geschichte, aber bei den Märzunruhen 2004 wurden in der hart an der Grenze zu Albanien liegenden Stadt Prizren historische Bauten der Serbisch-Orthodoxen Kirche vernichtet. Die wenigen noch dort lebenden Serben wurden vertrieben. Das mahnt zur Eile. Der anerkannte Repräsentant der Kosovo-Albaner ist Präsident Ibrahim Rugova, der wegen seiner Friedensbemühungen »Ghandi aus dem Kosovo« genannt wird. Dass ungeduldigere und radikalere Kosovoalbaner, wie Thaci, mit dem Kampfnamen *snake* aus der UCK, die Initiative an sich reißen könnten, da sie vor allem die jüngere, enttäuschte Generation hinter sich wissen, ist bei der ratlosen Verzögerungspolitik der Vereinten Nationen und der EU zu befürchten. Die Parole »Standard vor Status« hat in einem Volk von so niedrigem Lebensstandard und bescheidenen Ansprüchen kein Echo!

MAZEDONIEN

WETTERWINKEL DES BALKANS

Mazedonien, die am weitesten südöstlich gelegene Teilrepublik der SFR Jugoslawiens, war die einzige, die von den kriegerischen Auseinandersetzungen nahezu verschont blieb. Dem Zerfall des Vielvölkerstaates kam es mit der Volksbefragung 1991 und der Anerkennung durch die Vereinten Nationen als »souveräner und selbstständiger Staat« und so auch einem drohenden Angriff des um sich schlagenden Milosevic Regimes in Belgrad zuvor. Ihrem Präsidenten Kiro Gligorow, den Tito wegen seiner liberalen Wirtschaftskonzepte und Vorschläge für eine Privatisierung kleinster Betriebe als Bundesminister gefeuert hatte, gelang das Kunststück, die kleinste Teilrepublik aus dem Untergang herauszuhalten. Und das trotz offener Rechnungen aller Staaten in diesem Raum untereinander. Das serbische Belgrad, das Mazedonien im Königreich Jugoslawien als »ostserbische Provinz« beherrschte, konnte schon den im Volksbefreiungskampf programmierten Status Mazedoniens als Teilrepublik Tito-Jugoslawiens 1944 nie so richtig überwinden. Tito anerkannte damit die Hilfe der mazedonischen Kommunisten für die Sache Jugoslawiens. Bulgarien reklamierte die Mazedonier als bulgarischen Stamm und hatte während des 2. Weltkrieges seine Grenzen bis nach Saloniki ausgedehnt, während Athen nicht vergessen wollte, dass Tito gerade von Mazedonien aus den kommunistischen Bürgerkrieg in Griechenland bis 1948 tatkräftig unterstützt hatte. Überdies pflegte Athen auffallend enge Kontakte zum Milosevic Regime in Belgrad und apostrophierte die starke mazedonische Minderheit um Saloniki als »slawophone Griechen«. Dass das mazedonische Ohrind seit Kyrill und Method als Wiege des orthodoxen Christentums gilt, hält vor allem die orthodoxe Kirche Griechenlands hoch. Diese hat auch nie die von Tito in die Wege geleitete Autokephalität der orthodoxen Kirche Mazedoniens anerkannt, ebenso wenig tat dies die orthodoxe Kirche Serbiens. Präsident Kiro Gligorow legte im Belgrader Blatt »Borba« in einem Interview im Juni 1993 seine politischen Ziele und Prinzipien dar, frei von auf dem Balkan üblichen Mythen und belastender Vergangenheit. Das zu einem Zeitpunkt, da in Bosnien-Herzegowina und in Kroatien der Krieg tobte und Menschenmassen diverser Ethnien aus ihren Lebensräumen vertrieben wurden. »Mazedonien kann nur in seinen gegenwärtigen Grenzen bestehen mit einer Politik der Aequidistanz, d.h. guten und freundschaftlichen Beziehungen zu allen Nachbarstaaten. Von Anfang an haben wir uns für die europäische Option entschieden und klargestellt, dass Probleme nicht unter Druck oder politischer Dominanz gelöst werden können, sondern nur auf zivilisierte Art und Weise«.

Um allen Eventualitäten und lüsternen Blicken vorzubeugen, hat Kiro Gligorow die Vereinten Nationen nach Gesprächen mit den Balkanvermittlern Cyrus Vence und Owen um die Stationierung einer UNPROFOR-Einheit gebeten. Das überraschend schnell in Mazedonien stationierte Bataillon amerikanischer GIs erwies sich als stabilisierendes Element. Hierzu Kiro Gligorow: »Bevor ein kleines Land beweisen kann, wer der Aggressor ist, ist der Krieg längst beendet. Aus diesem Grund haben wir die UNPROFOR-Truppen eingeladen und das war kein Fehler!«

Gligorow warnte auch vor einem Konflikt im benachbarten Kosovo und »dem Versuch, einen solchen mit militärischen Mitteln lösen zu wollen, was nicht nur Mazedonien bedrohen, sondern sich zu einem neuen Balkankrieg ausweiten könnte!« Gligorow saß so nicht nur unter unfreundlichen Nachbarn, auch im Innern war die Lage gespannt, für die Störenfriede unter slawisch-nationalistischen Mazedoniern und Albanern sorgen. Bei einem Bombenanschlag vor dem Parlamentsgebäude in Skopje wurde er schwer verletzt, verlor ein Auge. Dass die Täter nie entlarvt wurden, nährt Gerüchte zu Lasten der slawomazedonischen Extremisten, die Gligorows ausgleichende Politik nie akzeptieren wollten. Diesen schreibt »Reporter ohne Grenzen« physische Attacken auf liberale mazedonische Journalisten zu. Sie wurden von Parteigängern der VRMO mit abgebrochenen Flaschen angegriffen und verletzt.

Auch der Redakteur Zoran Bozinovski vom privaten Rundfunksender Tumba wurde ernstlich verletzt. Mitglieder der LIONS, einer bewaffneten Truppe, die während der kurz aufflackernden kriegerischen Auseinandersetzungen mit Albanern in Mazedonien kämpften und nach dem Abkommen von Ohrid 2001 größtenteils in die Polizei Mazedoniens überführt wurden, spielen in tätlichen Angriffen auf Journalisten eine aktive Rolle. Die Journalistin DANELA VANEVSKA wurde ernstlich von einer explodierenden Granate verletzt, als sie über Übungen der LIONS berichten sollte. Kritische Berichte über Aktivitäten der LIONS und der extremen Partei VMRO büßten auch die Journalisten MARJAN DJUROVSKI, LJUPCO PAVLEVSKI und SASO ORDANIK. Presse- und Meinungsfreiheit sind keine Selbstverständlichkeit. Sie wurden verprügelt oder sogar in Untersuchungshaft genommen. Die innenpolitischen Auseinandersetzungen scheinen in Mazedonien geradezu vorprogrammiert. Nahezu ein Drittel der Bevölkerung Mazedoniens sind Albaner, selbst die Landeshauptstadt Skopje teilt diesen Anteil und gilt als größte albanische Stadt außerhalb Albaniens. Auch die Albaner sind in liberale, sozusagen staatsbejahende und nationalistische gespalten. In der Stadt Tetovo haben sie eine Untergrunduniversität betrieben, die nach erheblichen Widerstand der Slavomazedonier offiziell anerkannt wurde. Nach der im kosovarischen Pristina ist es die dritte Uni außerhalb Albaniens. Die Tetovo-Universität wurde und wird größtenteils von der albanischen Diaspora finanziert. Dennoch leistete die Regierung in Skopje mit der Anerkennung einen wichtigen Beitrag zur Sicherung des Friedensabkommens von Ohrid, das im August 1991 eine bewaffnete Revolte beilegte und der albanischen Minderheit in Mazedonien mehr Rechte versprach. Während der Krise und des Krieges im benachbarten Kosovo flüchteten Zehntausende in die geschlossenen Siedlungsgebiete der Albaner um den Ohridsee. Sie wurden in großen Auffanglagern zerniert und im Laufe der Kriegshandlungen von internationalen Hilfsorganisationen betreut, da das arme Mazedonien durch den großen Flüchtlingsstrom überfordert war. Erst mit dem Durchmarsch der NATO-Kräfte vom griechischen Hafen Saloniki zu ihrer Friedensmission im Kosovo entspannte sich die Lage und die Flüchtlinge aus dem Kosovo konnten in ihre Heimat zurückkehren. Hierbei kam der britische Journalist LAWTON, Reporter der Agentur Associated Press, ums Leben. Offiziellen Angaben zufolge bei einem Autounfall.

Die »Republik Mazedonien«, welche Bezeichnung als Staatsnamen 2004 nur von den USA einseitig zuerkannt wurde, die auf Drängen Griechenlands den beschämenden Namen »Ehemalige jugoslawische Teilrepublik Mazedonien« führen muss, bleibt auch so eine brennende, ungelöste Frage auf dem Balkan. Mit Unterstützung der EU hat die liberale Regierung Hari Kostov ein Gesetz durchgesetzt, das eine Dezentralisierung des Landes und vor allem mehr Selbstverwaltungsrechte der albanischen Minderheit sichern soll. Das neue Gesetz wurde und wird von der Orthodoxen Kirche und der Mazedonischen Akademie der Wissenschaften als »verräterisch« und »verbrecherisch« abgelehnt, da es unter anderem in Gemeinden mit mehr als 21 Prozent Anteil an Albanern, selbst in der Hauptstadt Skopje, Albanisch als zweite Amtssprache einführen will, auch zweisprachige Ortschaften und Straßenschilder; in manchen Städten oder Orten, wie in Struga am Ohridsee, wird der slawomazedonische Bürgermeister einem Albanomazedonier sogar seinen Stuhl überlassen müssen. Die Umsetzung des Abkommens von Ohrid, in dem auch eine einschneidende Gebietsreform vorgesehen ist, bleibt Voraussetzung für die Aufnahme der Republik Mazedonien in die NATO und die EU, was wiederum ihre Stabilität in dieser windigen Ecke des Balkan bestärken würde. Die Angst vor einer »Albanisierung« geht in Mazedonien, trotz mancher ökonomischer Verbesserungen, um. Die Albaner, die sich bis zu dem Abkommen von Ohrid mit staatlichen Ordnungshütern Feuergefechte geliefert hatten, scheinen auf quasidemokratische Mittel umzuschalten. Die in Skopje amtierenden Vertreter internationaler Gemeinschaften und Organisationen klagen über »patriarchalische Bräuche« bei Wahlen, wo der *pater familiae* die Stimmabgabe überwacht, sodass etwa ganze Dörfer dieselbe Partei wählen. Das entspricht nicht europäischen Standards und auch nicht den Vorgaben für eine Aufnahme Mazedoniens in die EU und NATO. Und das trotz aller Bemühungen der Regierung in Skopje, die vor allem auf die Absichten der Internationalen Gemeinschaft ausgerichtet ist, die auf eine Regelung offener und verschleppter Problem, wie der des Status des Kosovo, aber auch Serbien-Montenegros, abzielen. Hierbei spielt eine stabile Republik Mazedonien zweifellos eine wichtige Rolle. Schon deshalb, da Anzeichen darauf hindeuten, dass ähnliche albanische Formationen wie im Kosovo und in Mazedonien – die UCK – auch in Nordgriechenland im Untergrund tätig sind. Vier Millionen Albaner leben im Mutterland, der Republik Albanien mit der Hauptstadt Tirana. Starke albanische Minderheiten in etwa gleicher Zahl leben in geschlossenen Siedlungsgebieten entlang den Grenzen in den Nachbarländern: Montenegro, Serbien-Kosovo, Mazedonien und im griechischen Nordepirus. Sie halten die ungelöste »Albanische Frage« wach! Die Albaner, als Nachkommen der Illyrer, erheben den Anspruch, die Urbewohner des Balkans zu sein, die bereits vor der Zuwanderung der Slawen auf die Balkanhalbinsel hier ansässig waren!

DIE IMPLEMENTIERUNG

DES EU-STABILITÄTSPAKTES

Entscheidend für das Schicksal des Balkans wird die energische Umsetzung des EU-Stabilitätspaktes sein, die von den UN, der EU, OSZE, NATO usf. endlich im Jahre 2006 vorangetrieben werden soll. In engagierter Sisyphusarbeit hat sie der EU-Koordinator Dr. Erhard Busek vorbereitet, auch eine Reihe von Beauftragten der Vereinten Nationen und der Europäischen Union, die die Krisenherde bereisten und vor Ort wichtige Erfahrungen sammelten. Die unumgängliche Stationierung militärischer Verbände der UN und der EU in Bosnien-Herzegowina, dem Kosovo und Mazedonien sicherte den brüchigen Frieden – im Grunde ja nur ein lang anhaltender Waffenstillstand – ab und ermöglichte den schrittweisen Aufbau demokratischer Strukturen am langen Zügel internationaler Verwaltungen. Die bisher kontrollierten nationalen Regierungen, die aus den ersten freien Wahlen hervorgegangen sind, sollen zu nationalstaatlicher Souveränität übergeleitet werden. Wien, das alle historischen und geographischen Voraussetzungen in

Richtung Südosteuropa vereint, ist Sitz des neu geschaffenen »Balkanbüros« – einer logischen Weiterentwicklung der 1994 gebildeten und 1998 wiederbelebten Balkan-Kontaktgruppe. In diesem Gremium sind die USA, Russland, Großbritannien, Deutschland, Frankreich und Italien vertreten. Angesehene Politiker, wie der vormalige finnische Präsident Atishari und der Deutsche Schwarz-Schilling, sollen im Auftrag der Vereinten Nationen die »Gordischen Knoten« entwirren und das »Pulverfass Balkan« entschärfen – und das nur unter Einbeziehung und aktiver Mitarbeit aller ihrer Staatsgebilde, Nationen, Völker und Minderheiten, nicht, wie bisher, über deren Köpfe hinweg.

Für manche wird der Sprung über ihre Geschichte und sattsam gehüteten oder auch gefütterten Mythen nicht einfach sein. Aber auch ein Mindestmaß an Abstimmung innerhalb der EU bleibt Voraussetzung, letztlich eine Übereinstimmung mit den USA und Russland als Mitgliedern der OSZE. Während die USA mit ihrem Eingreifen in den Kosovokonflikt ihre Verantwortung für Frieden in Südosteuropa unter Beweis stellte, mischt Russland seit über zwei Jahrhunderten auf dem Balkan nicht gerade positiv mit, von der Instrumentalisierung des Panslawismus, den Balkankriegen, der Zerschlagung der K. K. Donaumonarchie bis zum sowjetisch beherrschten, kommunistischen Sattelitengürtel, der erst mit der Ereignissen im Jahre 1989 aufgebrochen wurde. Südosteuropa, im engeren Sinne der umstrittene Balkan, hat erst jetzt die Chance, sich durch einen schwierigen Demokratisierungsprozess fest in Europa zu verankern. Die europäische Integration bleibt für die Klein- und Zwergstaaten in diesem Raum die einzige, große

Perspektive und sie sollte diesmal nicht wieder durch eine egoistische Großmannsucht längst geschrumpfter Mächte im Westen Europas behindert werden. Vor allem der Briten, die mit dem Begriff »Westbalkan« Verwirrung streuen. Viele Köche verderben bekanntlich auch den Brei! Sicher ist Brüssel nicht der Europäer Weisheit letzter Schluss, aber ein Wegweiser aus nationalstaatlichem Kleinmut bis zu sinnlosen, kriegerischen Konflikten, die gerade in diesem Raum wahre Orgien feierten. Um im Rahmen des vorliegenden Berichtes und seiner Überlegungen zu bleiben, soll aus dem Pakt der Maßnahmen zur Implementierung des EU-Stabilitätspaktes nur der Aspekt der Menschenrechte und Medienfreiheit herausgehoben werden. Schon mit Blick auf die unseren Globus umspannende Mediengesellschaft, die bitteren Erfahrungen bei der Berichterstattung aus Krisengebieten müssen Schutz und Sicherheit für Journalisten festgeschrieben werden. Die Willkür der Machthaber und die Unterdrückung objektiver Berichterstattung könnten zumindest eingeengt werden. So könnte der Balkan auch einmal im positiven Sinne zum Vorbild werden, sofern bei der Regelung offener Fragen in Südosteuropa dieser Komplex in internationalen Vereinbarungen aufscheinen würde. Die Medienfreiheit spielt in unserer Gesellschaft weltweit eine immer wichtigere Rolle. Leider nicht immer eine konstruktive, vielmehr oft missbrauchte und auch eine verhängnisvolle, wie der Ausbruch und der Verlauf der jüngsten Waffengänge auf dem Balkan am Ausklang des zweiten Jahrtausends gezeigt haben. Der Tod mutiger Korrespondenten im Dienste unserer unstillbaren Mediengeilheit sollte daran erinnern.